场域理论与网络公共意见建构

张丽燕 著

ChangYu LiLun Yu
WangLuo GongGong YiJian JianGou

浙江工商大学出版社
ZHEJIANG GONGSHANG UNIVERSITY PRESS

图书在版编目(CIP)数据

场域理论与网络公共意见建构 / 张丽燕著. —杭州：浙江工商大学出版社，2018.8
ISBN 978-7-5178-2906-5

Ⅰ. ①场… Ⅱ. ①张… Ⅲ. ①互联网络—舆论—研究 Ⅳ. ①G219

中国版本图书馆 CIP 数据核字(2018)第 190027 号

场域理论与网络公共意见建构
张丽燕 著

责任编辑 罗丁瑞
封面设计 林朦朦
责任印制 包建辉
出版发行 浙江工商大学出版社
(杭州市教工路 198 号 邮政编码 310012)
(E-mail:zjgsupress@163.com)
(网址:http://www.zjgsupress.com)
电话:0571-88904980,88831806(传真)
排　　版 杭州朝曦图文设计有限公司
印　　刷 虎彩印艺股份有限公司
开　　本 880mm×1230mm 1/32
印　　张 6
字　　数 151 千
版 印 次 2018 年 8 月第 1 版 2018 年 8 月第 1 次印刷
书　　号 ISBN 978-7-5178-2906-5
定　　价 32.00 元

浙江工商大学出版社营销部邮购电话 0571-88904970

内容简介

网络社会里人手一支话筒，公众通过网络公开发表意见、表达诉求，形成网络舆论。正向舆论有助于增强社会合力，凝聚人心，而负向舆论则可能扰乱视听，混淆是非，危害社会。近年来，网络舆论反转事件频发，从“暴打女司机事件”到“掏鸟窝事件”都揭示了舆论生态系统内部的全新图景——各个话语主体都在争夺主导权。在多重因素的作用下，舆论场域的博弈复杂而又精彩。本书主要借助布尔迪厄的“场域”理论，结合网络舆论现象，运用文献分析法、参与观察法与文本分析法，对具有影响力的网络群体事件进行考察和分析，解读政治场、经济场和文化场对网络舆论场的影响及网络舆论场内部的生成机制。

第一章对场域理论谱系进行梳理，分析网络社会中舆论与场域结合的新特性，以及网络舆论场的形成模式。网络舆论场概念的提出，为研究舆论生态提供了新的视角。

第二章对网络舆论场内部生成机制进行分析。网络舆论场内部生成机制是建立在不同社会阶层、不同利益人群及其不同价值观的各个思想观念的交锋基础上的话语之争。为了方便研究，将其分为媒体、政府、公共知识分子和公众四类，选取广东茂名 PX 事件为案例，来分析各方言说主体形成的不同言说场域的话语策略和权力地位在舆论场中发挥的不同作用。

第三章分析网络舆论场博弈的外部动因。中国各种媒介事件中网络舆论背后的政治、经济和文化因素成为探讨网络舆论场博弈的外部社会根源、经济根源和文化考量等三大外部动因，其中，政治意识形态的影响和民主法治的实施成为重要的社会场；经济增长方式的转变和贫富差距的扩大成为影响网络舆论场的经济场；文化场作为隐藏在社会场背后的另一只手，通过制造和传播符号、图像、话语和声音建构网络事件，这一过程以文化观念的改变与更新、文化习俗的创新与使用为基本特点。

第四章结合网络舆论场形成的内部生成和外部动因来分析网络舆论场域能否建构网络公共领域空间。网络舆论场域中的民意并不能代表全市的公共意见，只是一种建立在少数意见领袖基础上的意见，因此，我们须辨别真假言论，重新构建理性的公共话语空间。

第五章基于前几章的分析，根据中国特色语境下网络舆论特性去制定有中国特色的网络监管制度，建立和谐、良性发展的网络公共话语空间成为中国语境下的网络舆论场的目标。网络媒介自身的调节与协调的局限性使媒介生态难以自然平衡，需要转变理念，从技术、管理层上来为建立良性的网络公共话语空间提供可选择的路径。

过去针对网络舆论由非理性到理性公共意见的建构的研究都是从单一层面切入，无法看到网络公共意见建构的整体全貌，以及所导致的信任危机。本研究第一个从网络舆论形成的宏观、微观出发，探究网络舆论场形成的社会根源和文化动因，以及内部的博弈图景，这也是场域理论与网络舆论相结合的尝试性研究。本研究对舆论场形成的主体间的博弈进行研究，有助于“舆论净化”，促进媒体与公众力量联手逼近事实的源头，推动信息社会建立信任。

目　录

绪论　场域理论视角下的网络公共意见建构

一、研究缘起

我们正在经历着一场多达数亿人参与的传播技术所推动的革新。在这场革新中，人们不仅感知着技术层面带来的变化，也感知着全新的传播方式和传播理论所带来的冲击和颠覆，现实的权力关系和权力结构面临着前所未有的挑战和改变。新的传播技术动摇了旧的传播等级结构，带来了新的权力关系的变革和变化，权力的性质随之发生变化，新的传播动能给传播活动带来了新机遇，“泛传播”与“泛自由化”并存……我们正经历着技术革命所带来的挑战。

网络传播革命带来了一种全新的社会场域。伴随着技术的普及，参与者的增多、互动方式的改革，场域内的故事也变得更加丰富多彩起来。这个不断被注入时代要素和各种价值观的“场域”，实质是一个“话语角力场”。角力场内各个主体按照拥有资本和权力的数量的不同，在网络中呈现出不同的话语地位；民主意识逐渐增强的公众，正在以高涨的热情投入网络事件的讨论中，给网络话语空间注入了新的活力，并成为社会舆论最重要的载体，改变着现有的舆论生态格局。正如有些学者所言，“新媒体正在全面渗透到社会生活的每个方面”①。据中国互联网信息中心发布的第 37 次《中国互联网发展状况统计报告》，到 2015 年底，中国网民数量为

① 李舒、季明：《新媒体冲撞》，《新闻周刊》，2009 年 2 月 16 日。

6.68亿，其中手机网民规模达到5.57亿，网民中利用手机上网人群达83.8%，手机端即时通信使用率为91.2%。各种自媒体发展迅速，2015年，以微博、微信、APP等形态为主的“自媒体”发展迅速。[①] 互联网的不断普及给网民的话语带来了很多的空间。据腾讯公布的数据，微信用户已达6亿，微信公众号多达580万个，已经成为国内最大的移动社交应用平台。经新媒体指数大数据平台预算，排名前500的微信公众号每条信息的日访问量过万，微信平台的服务和传播价值正在不断被放大。网络新闻使用率在节节攀升，正在成为形成社会舆论的重要阵地。[②] 通过网络这个新技术平台，草根原生态的舆论正在被采纳和传播。在此背景下的“众声喧哗”抑或“网络围观”及“指尖上时代的微革命”，这个舆论场都在以一种前所未有的实力彰显着中国特色的元素，发挥着独特的声势和动力。

近年来，从“女司机被打”到“掏鸟窝判刑”事件的舆情态势反转，都超出了人们的预期和控制范围。网络舆论的转折给我们展示了一幅话语竞争和权力博弈的图景，同时加大了政府对网络舆论的监管难度。由于网络媒体对事件进行主观报道，其对事件舆情的转折亦负有重要的责任。网络媒体由于自身传播新闻的即时性、新闻传送地位的权威性以及受众群体的无序性，其权威发布对网民的认知影响是草根网民自身无法比拟的。网络的发展为网民的情绪宣泄和意见表达提供了便捷的平台和工具，形成了多样化的舆论信息，但目前，我国网民和媒体新闻人的媒介素养都比较缺乏，加上网络的自由性、交互性、隐匿性等特质使网民个体表达极易走向扭曲化和极端化，因此，网络舆论一旦涉及司法案件，其舆论监督更容易“曲解”和“变异”，造成“媒介审判”。

频频出现的舆论反转背后体现了什么样的舆情规律；其网络

---

① http://www.199it.com/archives/432640.html，2016年1月22日。

② http://news.91.com/it/s57689a7d40e3.html，2016年6月21日。

舆论是如何形成的;网络舆论在由非理性转向理性的公共意见的过程中受到哪些因素影响;背后的政治、经济、文化是否能成为舆论形成的外部根源;网络舆论内部处于怎样的一种动态过程……这些问题成为本研究的切入点。布尔迪厄借助独特的"场"理论利用电视来为电视祛魅,分析"力场"作用下的内部、外部根源下的新闻场。那么沿着布尔迪厄的思路,网络舆论可否也借鉴"场"理论为其祛魅,其内部和外部根源又是什么,网络舆论场是怎样的一种图景,其形成受到哪些力量的影响,网络舆论场内部如何进行博弈,作为舆论场中的言说主体——政府、媒体、学者、网民分别在舆论形成和博弈中扮演着什么样的角色,网民从自上而下的赋权到自下而上的争权中是如何与公权力进行博弈的,网络场域中舆论的博弈、互动能否构建中国的公共领域等,成为需要解决的问题。

二、文献综述

近年来,舆论学不仅是我国传媒研究的重点也是我国传播学研究中的热门。刘建明、陈力丹、喻国明、陈新汉、刘毅等成为新时期研究舆论的领军人物。同期也出现了一批权威著作,如《基础舆论学》《社会舆论原理》《舆论导向研究》《舆论学——原理方法与应用》《舆论与社会》等。我国的舆论学方面的研究取向于社会政治宣传的路子,思路比较单一。从研究成果来看,大部分成果趋于相同,创新性不足。从网络舆论方面来说,自 2008 年开始,网络舆论研究成果显著,除了基础性研究之外,开始向其他领域拓宽。一是关于司法审判与网络舆论相结合的研究,目前已成为网络舆论与法制结合的开创性研究;二是关于微舆论场的研究,这也是目前学者关注较多的一个新领域。技术发展的日新月异带来了丰富的研究议题,开拓了研究的内容和思路。只要网络空间和网络社会存在,网络舆论的研究就一直会有其理论意义和现实意义。此研究目前涉及以下几个方面:

(一)国内相关研究

1. 从博弈的视角来研究新媒体时代话语权力关系

在中国知网以主题词“场域”和“话语权”进行搜索，共搜索到文章 469 篇，其主要探讨新媒体空间内话语权的博弈。杜俊飞教授说，每当一种新媒体诞生，大众传播业的冲突和动荡就会出现。出于对技术的崇拜，一开始这种动荡就会表现为对新媒体无休止的夸大和歌颂，而这往往会引发受众和专业人士的恐慌。[①] 新媒体的出现引发的各种不安也好，歌颂也罢，无疑都会给学术研究带来新的生机，推动着我们一步步去认清事实。随着新媒体的出现，社交网站的兴起，微博、论坛、微信等的流行呈现出繁荣的景象。网络舆论场内的话语博弈图景是研究的重点，如：罗云峰的《博弈论教程》从博弈的理论层面进行论证，其中的“合作博弈”与“非合作博弈”成为理论支撑下的两种博弈规则。冯国有在《媒介话语权博弈与公共利益选择》一文中分析了媒介空间内部不同利益群体间媒介话语权争夺所体现的利益争夺以及对公共政策的影响。背后的利益博弈对公共政策的影响，探寻了保障公众平等的政治参与权的重要价值和意义。博弈理论的研究开创了研究网络舆论的先河，但只通过合作与非合作原则去探讨博弈的规则，仍然无法解开博弈的真实图景，其中的协商、妥协规制会被忽略。用博弈的思维来研究和探讨舆论学的问题，在业界成为焦点，也呈现了丰硕的成果。新华社新闻研究所学者陆小华在《新媒体观——信息化生存时代的思维方式》一书中，认为舆论的形成是建立在不同参与方的行为变化中的。其实质是舆权博弈的过程，指出了舆权博弈即争夺舆论主导权和

① 杜骏飞：《中国网络新闻事业管理》，中国人民大学出版社 2004 年版，第 11 页。

影响力的过程。[①] 清华大学博士后雷润琴在《信息博弈——公民·媒体·政府》一文中将博弈的主体分作公民、媒体和政府三方来展开论述，看到了三方在信息中的博弈，但忽视了知识分子作为另外一支重要的意见阶层的作用。梦笔生在《媒体在信息对称与新闻博弈中的角色》中讨论了媒体在博弈中所承担的角色。他认为媒体作为一个调停方，游离摇摆在政治权力、资本和公众三方之中，以求得到平衡三者之间的关系，获得来自公众的支持和公权力的首肯。[②] 曾庆香、强德华在《论群体性事件舆论引导中政府与传统媒体的博弈》中，从群体事件中分析了政府与传统媒体的博弈，博弈经历了 3 个阶段：绝对控制，媒体管理，继而合作。[③] 伍新明、许浩则通过分析群体性事件中传统媒体和新媒体不同条件下的博弈的差异，认为信息的博弈实质上是被组织和传统媒体所主导，利益受损一方对信息传播的介入程度不高，影响力较弱，媒体对于信息博弈的促进作用很难获得成功。但是在新媒体状况下，信息博弈的格局已经改变，利益受损的一方可以借助新媒体的点对点、一对多等方式进行信息传播，可以从信息传播中获得有利于自己的环境。[④] 这种观点有其合理性，但媒体与政府(群公权力)的博弈并不是处于完全对等的地位的，政府在博弈过程中处于相对强势地位，媒体则处于相对劣势地位。[⑤] 但是在实际中，随

① 陆小华：《新媒体观——信息化生存时代的思维方式》，清华大学出版社 2008 年版，第 19 页。

② 梦笔生：《媒体在信息对称与新闻博弈中的角色》，http://www.people.com.cn/GB/14677/21966/36358/2947708.html。

③ 曾庆香、强德华：《论群体性事件舆论引导中政府与传统媒体的博弈》，《现代传播》，2012 年第 5 期。

④ 伍新明、许浩：《新媒体条件下群体性事件中危机传播的信息博弈》《贵州社会科学》，2010 年第 10 期。

⑤ 李庆四、张如意：《媒体—政府互动与美国外交决策——以伊战为例》，《燕山大学学报》，2008 年第 1 期。

着新媒体的崛起，博弈结果越来越多地显示出有利于弱势群体事件的特点。卞清在《我国舆论引导的新视域——关于官方话语和民间话语互动、博弈的理论思考》中研究了在中国舆论生态改变的新格局下，界定不同的身份来分析官方话语与民间话语的互动和博弈，分析了博弈中各方的力量是如何进行博弈，争夺话语权的。

2. 网络舆论的形成研究

许多研究结合社会热点事件在微博的舆论场中进行探讨。曾繁旭等人认为，微博意见领袖可以推动事务良性发展。① 具体涉及某个领域内的研究，如环境议题、医患关系、抗争事件等新媒体舆论场中话语成为聚焦点。匡文波研究者将媒体舆论的议题划分为"出现、存活、整合、消散"4 个阶段，并试图建立新媒体舆论的生命周期理论模型；②陶鹏将网络中线上线下舆论异化进行比较，探索引导舆论的可行性途径；③张晓月着眼于分析手机、移动互联网特点，讨论移动终端差异下的舆情变化特征，提出舆论引导的优先途径；④张玉臂从网络热点实践出发，探讨微博叙事模式和语言建构，认为微博叙事表现出草根、即时、互文性三大特征。在微博视觉语言的建构下，图片解释的多元性不仅使得受众掌握了话语权，也满足了受众对危机事件传播目击效应的诉求。⑤

---

① 曾繁旭、黄广生：《网络意见领袖社区的构成、联动及其政策影响：以微博为例》，《开放时代》，2012 年第 4 期。

② 匡文波：《论新媒体舆论的生命周期理论模型》，《杭州师范大学学报》(社会科学版)，2014 年第 3 期。

③ 陶鹏：《新媒体语境下的网络舆论：异化、冲击与引导》，《重庆邮电大学学报》(社会科学版)，2014 年第 3 期。

④ 张晓月：《新媒体环境下主流媒体舆论引导责任及其路径优化》，《重庆邮电大学学报》(社会科学版)，2014 年第 3 期。

⑤ 张玉臂：《新媒体时代的视觉语言建构方式及影响》，《新闻世界》，2014 年第 1 期。

3. 网络舆论主体方面的研究

网络舆论主体，简而言之就是网民，网络舆论表达的是网民的看法与观点，因此舆论主体是网络舆论研究绕不开的一个话题。近年来，针对网民出现的网络“群体极化”现象，有研究者认为，当网络群体成员在网上就某一问题进行反复讨论后出现意见和观点的分化、移动、集中时，网络群体极化就会发生。[①] 也有研究者认为，由于网民群体具有以群内同质化、群际异质化聚集的特性，因此志同道合的网民群体容易出现严重的“群体极化”倾向。[②] 也有许多研究者以典型的网络舆论事件为例，分析网民的主体行为。认为对重大新闻事件，尤其是涉及贪污腐败案件或其他公共安全事件，网络舆论中的网民都往往表现得“偏激、冲动、缺乏理智”。[③] 另有不少研究者从“网络暴民”现象出发，引发出对网络媒介素养教育的思考。[④] 总之，对网络舆论主体的研究，大多是以法国勒庞群体心理学作为理论工具，分析网络群体的非理性特征，很少有人用勒庞的群体动力学作为理论工具，对网络舆论群体传播行为做动因方面的深入分析，而且也缺乏实证方面的深度研究，研究因此显得相对单薄。

在网络舆论主体研究方面，网络“意见领袖”也渐成热点之一。保罗·拉扎斯费尔德“意见领袖”的概念与观点被部分研究者用来研究少数网民在网络舆论传播过程中的作用。有研究者从心理角

① 王邀，蒋一斌：《网络群体极化及其心战功能》，《西安政治学院学报》，2006 年第 4 期。

② 张桂霞：《网络舆论主体的群体极化倾向分析》，《青岛科技大学学报》(社会科学版)，2005 年第 4 期。

③ 樊亚平：《杨丽娟事件与网络舆论的非理性》，《当代传播》，2005 年第 5 期。

④ 冷冶夫，刘新传：《由“网络暴民”现象引发的对媒介素养教育的思考》，《东南传播》，2008 年第 9 期。

度出发，对网络意见领袖存在的动因进行了分析。认为网络意见领袖的存在是因为信息占有与再生产会为意见领袖带来快感；信息再生产带来快感的同时，也为自己的服务"赢得尊重"，能为意见领袖带来成就感；"获得社会威信"是意见领袖内在英雄情结的外化。[①] 然而，更多的研究者则是从个案出发，研究个别网络论坛中的意见领袖在舆论传播中的影响与作用，探求网络意见领袖在新媒介环境下的角色与变化。[②] 也有少数研究者从实证角度出发，对网络舆论意见领袖的作用进行定量分析，但总体上看，这种类型的研究仍不多见。

4. 网络舆情方面的研究

网络舆情研究，涉及对网络上呈现的公众意见、态度等网络舆论动态研究，成为近年来新闻界与学界所关注和研究的重点。

关于网络舆情，苏云什等人认为，从书面上理解就是在互联网上传播的公众对某一"焦点""热点"问题所表现的有一定影响力、带有倾向性的意见或者言论的情况。[③] 刘毅认为，网络舆情就是通过互联网表达和传播的各种不同情绪、态度和意见交错的总和。[④] 迄今为止，我国网络舆情方面的研究主要集中在以下几方面：1）网络舆情的现状与特征；2）网络舆情的监控与预警；3）网络舆情的管理与引导。在新闻业界，自 2007 年起，人民网舆情监测室每年发布一次中国互联网舆情分析报告，分析中国网络舆论发生发展的总体态势，并分析总结网络舆论管理与引导方面的经验与得失。关于网络舆情的特点，许多研究者认为其情绪化非常明

---

① 侯利强：《意见领袖存在的深层心理动因》，《山东视听》，2006 年第 11 期。

② 周裕琼：《网络世界中的意见领袖》，《当代传播》，2006 年第 3 期。

③ 苏云什、周如俊：《网络舆情与思想政治教育》，《广东青年干部学院学报》，2005 年第 12 期。

④ 刘毅：《网络研究概论》，天津人民出版社 2007 年版，第 53 页。

显，网络谣言与虚假报道严重，西方意识形态入侵及舆论攻击明显。网络舆情的监控与预警是目前研究的重点，主要表现为对网络舆情联动机制的建立方面和网络舆情管理与引导方面进行探讨，研究内容主要集中在建立政府信息公开发布机制、积极引导媒体监督、建立和完善网络舆情管理机制并提高网络舆情的引导技巧方面。

在网络舆情研究方面，网络舆情的监测与引导是目前研究的重点。现阶段，对网络舆情的现状与特点研究相对不足，对网络舆情与网络舆论之间的联系与区别，以及网络舆情的影响与作用方面的研究也明显不够。

(二)国外相关研究

对于网络舆论的研究，国外研究者与国内研究者的着重点明显不同。国内研究者偏重于微观问题的研究，而国外研究者则着重从宏观上论述网络对于社会的重大作用，或把网络舆论放在中国政治改革与社会转型的大背景下来考量其作用。

国外的研究大多是论述网络之于社会民主的影响，如曼纽尔·卡斯特在《网络社会的崛起》中，论述了网络之于社会的巨大作用。桑斯坦在《网络共和国》中，则更多地是从负面影响对网络之于民主的作用敲响警钟。英国的斯蒂芬·拉克斯(Stephen Lax)认为，在英国，新信息传播技术也催生了一些新的民主手段：人们可以通过网络查看政府文件、了解各参选组织，通过电子邮件参与讨论。在这个时代人们对政治的兴趣和参与程度越来越低，世界上许多观察家都认为新信息传播技术(ICTS)有助于连接政府和公民。也有很多外国研究者论及了 BBS 在不同领域的扩散及应用研究，但鲜有论者论及网络舆论在国外的存在与发展现象。这主要是因为网络舆论在国外并不像在中国这般蔚然成风，国外论述的网络舆论，也大多是针对中国而起。

美国加利福尼亚大学伯克利分校教授肖强，也对中国的博客及厦门 PX 事件进行分析，论述了中国兴起的网上舆论及其政治影响。[①] 然而诸如此类外国研究者在论述中国的网络舆论时，通常不能很好地结合中国社会的复杂性进行分析，因此容易陷入片面与极端。

总之，目前关于网络舆论的研究有如下特征：其一，首先大量的研究集中在对网络舆论如何引导管理上，其次是集中在网络舆论的功能效果上，其中对网络舆论之于中国民主进程影响的看法莫衷一是。其二，国外很少有研究者研究网络舆论的文献，为数不多的研究者关注中国网络舆论的变化与发展，其研究往往注重宏观，并由于忽视中国国情而显得有所偏颇。其三，关于网络舆论传播行为的研究往往从个案出发，就事论事地谈网络舆论的形成、作用与特点。很少将之放在特定的媒介环境下，并与传统媒介舆论进行对比研究。在“舆论场”的研究上，不管是“传统舆论场”还是“网络舆论场”，目前都还缺乏深入的研究，专门的研究文献也不多，研究的力量仍很薄弱。

从上面的分析可以看出，目前国内外学者对于网络舆论的研究都颇有急功近利之嫌。普遍注重网络舆论的功能与引导研究，却很少有人做基础研究，对网络舆论产生的动因挖掘不够深入。其实，从源头上弄明白网络舆论产生的原因，对网络舆论的引导与管理研究就会有的放矢，对于网络舆论之于中国民主的作用自然也是有积极意义的。其次，只有把网络舆论行为研究与整个社会环境、网络媒介环境、心理环境相联系，并与传统媒介做比较，才能研究得更加透彻与深入。

---

① Xiao Qiang：*The Rise of online Public opinion and Its Political lmpact*，Founder and publisher of China Digital Times，p123.

三、理论框架

(一)理论框架

本研究借鉴布尔迪厄的场域理论分析网络场中的舆论现象，试图尝试提出网络舆论场的概念，并探讨在网络场中不同网络舆论的博弈状况，以及思考网络舆论如何通过理性的交往对话而走向公共意见的建构。布尔迪厄将场域看作是“一个有结构的社会空间”，互联网空间可以看作为一个具有自身的运作规则和逻辑的场，网络场域内部存在着势均力敌的力量，这些力量时刻处于不断斗争中。借用场域理论分析网络场中的舆论现象，探讨不同舆论主体间的博弈，需要揭示出网络场域内部主体惯习指导下的话语实践的差异和竞争的场景。网络场域内舆论现象的发生，是受各方合力作用下的政治场、经济场和文化场互相影响、互为制衡的结果，也是场域内各个言说主体按照不同惯习、拥有不同资本进行话语力量竞争的过程。

(二)研究方法

1. 案例研究法

案例研究法作为一种对事件的探索、描述或者解释的方法已经被运用于各个领域中。在决定采用案例研究法之前需要考虑的3个条件是：1)该研究所要回答的问题的类型是什么；2)研究者对研究对象及事件的控制程度如何；3)研究的重心是当前发生的事，还是过去发生的事。[①] 在写作本书时，案例被用来对网络舆论研究中各种群体关系之间的假设进行阐释与佐证。在案例具体运用

---

① [美]罗伯特·殷：《案例研究设计与方法》，周海涛主译，李永贤、张衔参译，重庆大学出版社2007年版，第7页。

中，本研究既呈现了单个具有进步意义的事件的发生、发酵过程，也有根据类型在许多相似案例基础上进行高度的概括和分析。

2. 内容分析法

内容分析法是一种对文章的内容进行搜集和评述的分析方法。内容分析中，研究者使用客观与系统化的计数与记录程序，据此得出对文本符号内容的一种定量描述。① 内容分析法的运用，不仅能提供不同内容间的比较研究，而且能借助运用数据技术对内容进行定量分析，达到对内容表面意义上的深度解析的目的。

本书在利用网络舆论案例得出结论或运用案例对不同的假设进行分析和佐证时，都需要对同一论坛中的不同的跟帖、转帖进行追踪分析，或对不同论坛跟帖、新闻跟帖、微博转发、评论等进行内容分析。在面对庞大的信息量时，对信息进行限定搜索，分析有用的信息是非常管用的，而且还能揭露出以往难以发现的信息背后的真实用意。此外，在网络舆论研究中，需要借助已经出版的资料（包括数字信息的统计的文献）进行二次诠释，将这些资料进行重新整合，用一种新的方式进行思考与诠释。这些资料一般来源于以下情况：对 CNNIC 发布历年中国互联网发展报告中的网民使用的情况的统计以及网民身份、受教育程度等的统计，人民网舆情频道及相关网络媒体中的报道内容及对调查的资料进行再次诠释与佐证。

四、创新点与研究意义

（一）创新点

首先，理论的创新。本书将“场域”理论与“网络”舆论相结合，尝试从网络舆论场中分析其外部根源和内部产生机制。本研究从

① ［美］劳伦斯·纽曼：《社会研究方法》，郝大海译，中国人民大学出版社 2007 年版，第 390 页。

外因和内因动态博弈中去分析和把握网络舆论场由非理性到理性公共意见的演变过程。外因可以看作是现实生活场中的政治场、经济场和文化场对网络场域的外部作用。内因则可以视为网络场域内各方言说主体在资本和权力运作下的话语博弈。布尔迪厄将场域看作是一个不断建构的网络结构,在这一网络构型中信息占有者、行动者和体制性的多重权力结构互相影响形成抗衡力量。这样就可以将原来按照阶层划分社会的分析方法再细化为按照话语空间再划分。在微观层面上,将场域中的各方观点转化为一种圈层的逻辑,揭露这种圈层中不同群体的位置、特征以及各个圈层之间的博弈状况。

其次,时下的网络舆论研究中,论者往往将关注点投射在某个具体的舆论事件产生、发展的影响及作用上,而本研究不仅从更加宏观的角度探讨网络场域中舆论由非理性向理性演变成公共意见的外部动因,而且以话语竞争作为微观切入点分析内部的博弈全景。只有对网络场域中公共意见的宏观、微观把握,才能让我们更清楚地认识纷繁复杂的舆论事件的真实图景。

(二)现实意义及理论意义

首先,本研究第一次从场域视角对网络公共意见建构的内部产生机制和外部动因进行全面系统的分析,填补了网络舆论此方面研究的空白。在选题方面本研究着重针对近年来出现的高舆情指数、关切公众切身利益的网络群体事件,从宏观的社会背景、经济因素和文化动因,微观的话语竞争和权力博弈这几个方面进行具体的分析,为分析网络舆论由非理性向理性的转化提供理论指导,具有一定的借鉴意义。在网络舆论研究中,对网络舆论传播的政治、经济和文化因素进行解析,有助于人们摆脱网络舆论方面的认知偏见,理清人们对网络舆论的误解,使人们能用正确、客观的态度对网络舆论进行认识和分析,也有利于政府和相关部门从根本上认清网络舆论的本质,对网络舆论监督实施更好的管理和引导,使网络舆论成为社会的得力助手,以"舆"代步,共建公民社会之路,对现实有着重要的指导意义。

其次,将"场域"理论和网络舆论相结合去阐释,为研究打开了一个新的思路。此前的网络舆论研究大多从传播学及舆论学角度展开讨论,而在本研究的研究中,更多地是从政治学、社会学、传播学等多学科方面进行交叉研究。因此,在理论运用上,本研究为网络舆论研究开辟了新的思路和视角。

第一章 网络场域和网络舆论的兴起

2015 年是中国互联网接入 20 周年，网络舆论风起云涌，引人注目。在这个“网络聚光灯”的时代下，6.68 亿网民推动中国政府“透明革命”，“网络曝光”成为新的反腐手段。互联网已成为社会舆论的重要发源地，网络新媒体已经在改变舆论的新格局。以互联网为主体的媒介场域，正在为网络舆论兴起创造新的媒介环境。

在新媒介环境下，网络舆论与场理论的结合，为研究网络舆论问题和解决现实困境提供了新的思路。那么网络舆论场与现实社会场有什么样的不同？网络舆论场与社会场之间构成了怎样的一种构型关系？网络舆论的兴起开创了社交媒体舆论格局的新局面，民众的话语权得到了释放，在一定程度上影响和改变着舆论的走势。网络舆论使政府的监督和促进作用得到改善，反过来政府也会对网络舆论所反映的社会问题进行关注，及时改良政策，改善民生。但网络舆论是否就能代表真正的民意，反映民众的呼声和愿望呢？这些都是本章要解答的问题。

一、场域与网络舆论

（一）场域理论及其网络时代的拓展应用

“场”的概念最初来源于物理科学的范畴，其概念主要是在牛顿万有引力定律的基础上自我构建，由物理学家法拉第从物理学范畴内为人们提供的一种间接接触而又互相产生作用的模型。之后，“场”被德国心理学家勒温引入心理学领域，用来阐述心理对环境的交互影响。他认为个体行为的变化在一定的时空范围内，受到外部和内部心理两种因素交互影响，这种时空领域被定义为“场”。场的概念逐步超出物理学的范畴，向其他学科渗透，出现了“心物场”“大众传播场”“新闻场”“媒介场”等。

社会学领域中迪尔凯姆将社会与场结合起来考虑，认为社会是一个有机体及其子系统周围连续存在的特殊物质形态。场域、资本和惯习成为分析社会必不可少的因素。布尔迪厄的场域理论为研究中国的网络空间提供了新的思路，特别是对解读网络空间内部的规制和运作都有很重要的启发。布尔迪厄认为，场域必须作为研究的核心要素去考虑。[①] 场域是一个以力为较量核心因素的各种关系互相争夺的场域，资本和权力成为力的较量的核心影响因素。[②] 布尔迪厄的场域理论将微观和宏观有机地融合在一起，为研究中国网络提供了一种新的研究视角和研究方法。网络空间与场的结合正如布尔迪厄所言，“场域可以被定义为在各种位置之间存在的客观关系的一个网络，或一个构型”[③]。在布尔迪厄看来，网络场可以被看作是由许多相互制约与抗衡的小场域组成，一部分是代表政府发言的官方场，另一部分是处于政府与民众之间交叉的媒体从业人员和知识分子组成的中间场，还有一部分则是由普通网民构成的民间场。各个场域都有自己的行为规则，也有一定的自主性。布尔迪厄指出：从场域的角度进行分析，首先，要分析与其影响最大的权力场域的位置；其次，必须分析出场域内行动者或机构所占据的位置之间的客观关系结构，不同关系结构

① [法]布迪厄、[美]华康德：《实践与反思——反思社会学导引》，李猛、李康译，中央编译出版社 1998 年版，第 133 页。

② [法]布迪厄、[美]华康德：《实践与反思——反思社会学导引》，李猛、李康译，中央编译出版社 1998 年版，第 130 页。

③ [法]布迪厄、[美]华康德：《实践与反思——反思社会学导引》，李猛、李康译，中央编译出版社 1998 年版，第 132 页。

中的行动者按其所拥有的资本的数量的不同，在关系结构中呈现的位置的不同，和权力关系自然也存在着差异；最后，要分析行动者的惯习，即行动者之间的不同的性情倾向系统，行动者按照一定的社会经济条件予以内在化的方式获得自身的特定的运行轨迹。可见场域、资本、惯习是布尔迪厄场域概念中不可或缺的3个概念，其理论主要是将问题放在空间的“关系”中进行分析。①

布尔迪厄的场域理论对研究中国网络场的形成和发生动因有很大的启发作用。作为一个处于不断变化的复杂的社会空间场域，不同位置上的个体和机构，因占有资本的不同而显示出不同的关系构型图，其中政治场、经济场和文化场作为场域中的“元场”会对网络场起到制约和抗衡作用。这些“元场”对不同的网络传播事件具有不同的影响和制约作用。中国近期发生的一系列网络事件，如“掏鸟窝事件”“殴打女司机事件”等都是网络场中舆论自净功能的体现，也是网民对政治参与的高涨热情的体现；而各类PX事件和拆迁事件则是我国经济发展到一定阶段，社会矛盾日益凸显的一种直接反映。

根据布尔迪厄的理论，现实社会场中的政治场、经济场和文化场会对网络舆论场中的行为产生影响：意识形态的思想主导和经济转型的改革时期以及文化因素的传统向现代的过渡、现代向后现代的转向等都对网络空间行动者的行为“惯习”产生一定的影响。“惯习”即网络行动产生的间接原因，也是发生的深层动因。网络中主体的言说“惯习”行为从潜意识角度影响着事件的发生和发酵，因为虚拟网络空间的特有的匿名性，能将隐藏在言说者内部的最本质的“惯习”特质发挥出控制人行为的功能。如“殴打女司机事件”中，网民对当事人进行网上人肉搜索，搜索出其违章和开房的次数，并对当事人进行人身攻击和谩骂等，皆是受儒家文化心

① [法]布迪厄、[美]华康德：《实践与反思——反思社会学导引》，李猛、李康译，中央编译出版社1998年版，第131页。

理驱使所致。社会场中的“元场”——政治场、经济场以及文化场与网络场形成相互斗争和相互抗衡的关系，同时网络场又有着相对独立自主的运作规则，呈现出不同于传统媒介场的行动“惯习”，包括网络场中言说的不同的主体人员所倾向的各自不同的行动“惯习”。言说者的“惯习”的差异，具体表现在舆论的呈现方面，显示了网络媒介与传统媒介在表达形式和话语策略运用方面的不同特性。

布尔迪厄场域理论对分析网络舆论研究意义重大，因为网络作为一个虚拟社会空间，远较现实社会复杂，不是简单的微观或宏观角度分析所能理清的。而布尔迪厄的场域理论能消除简单的宏观与微观的二元对立，把两者很好地结合在一起，这为网络舆论研究提供了一种全新的理论方法与视角。另外，作为一种研究方法，布尔迪厄的场域理论只是一个研究大纲，没有做过多的理论预设，需要从经验研究中描述场的形成历史与行为规则，可以避免从理论出发到现实中寻找证据的教条式研究，有利于从中国的特殊经验中发现中国媒介场的独特规则。[①] 运用场域理论来分析中国的网络舆论，需要在中国的语境下结合政治、经济、文化乃至网络媒体自身的特征进行分析。

（二）网络场的特性

1. 权力博弈和资本重构下的网络场域

布尔迪厄将场域看作是“各个位置之间存在的客观关系的一个网络或一个构型”[②]。由此可见，场域是一种关系空间、事物与事物之间构成不同的场域，场域与场域之间会构成更大的场域，处于场域内部的主体者，按照资本的拥有数量决定自己在场域中的

---

① 刘海龙：《当代媒介场研究导论》，《国际新闻界》，2005 年第 2 期。

② [法]布迪厄、[美]华康德：《实践与反思——反思社会学导引》，李猛，李康译，中央编译出版社 1998 年版，第 121 页。

位置和运行规则。因此，对某个具体场域进行分析时，既要考察场域内部的行动者的位置，也要考察场域与另一场域间的相互关系。

诚然，网络空间也是一个多重矛盾交错的场域。网络场域具有不同于现实社会场的独立空间，又是现实社会场在虚拟媒介环境中的复制和延伸。其中网络场还受到现实经济场、文化场、政治场的共同作用。网络场拥有不同于现实场的规则和制度，场域内部又分作不同的话语集散地，即论坛和社区，其各自又有相对的独立性。根据布尔迪厄的观点，网络场域是一个交织于权力场域中的关系构型，内部充满着各种话语的较量和抗衡。不同的话语言说者背后代表着不同的群体利益。所谓的权力场“是一个包含许多力量的场域，受各种权力形式或不同资本类型之间诸力量的现存均衡结构的决定。同时，它也是一个存在许多争斗的领域，各种不同权力形式的拥有者之间对权力的争斗都发生在这里”①。布尔迪厄认为，传统社会因其发展的不完善，场域更多地体现为一种权力场，其中一切因素都可以在权力关系中找到对应的性质。在具体的运作上，权力常常是通过符号发挥效力的。所谓符号权力，则是建立在符号资本的基础上，依据所处的位置，将自身的观点推送成普遍公认的意见，从而摆脱固有性。换言之，符号权力的大小与符号资本的大小成正比例关系。同样，布尔迪厄所标举的电视新闻场也是一个社会权力场，不仅研究新闻场域内部新闻的生产者，还要研究赋予新闻合法性的机构、集团和政府，最后，分析离新闻场最近的社会权力场。因此根据布尔迪厄的研究思路，分析场域更要注重分析场域中文本之外的生产、流通、消费等社会条件和客观的社会关系，同时分析文本外的可能的复杂的社会关系网络。

基于布尔迪厄关于新闻场的论述，一种网络场域的建构也就

① [法]布迪厄、[美]华康德:《实践与反思——反思社会学导引》，李猛、李康译，中央编译出版社 1998 年版，第 285 页。

顺理成章了。场域在布尔迪厄眼里被看作是一个关系或社会网络构型图,网络结构理论强调网络中的社会成员或群体通过信息共享、互动和社会资本积累来对社会关系中隐含的资源进行控制和支配。网络场域是一个话语与权力进行角逐的场域。一方面受到外部主流意识形态的支配,另一方面则受到市场规律的限制,同时还受到法律法规的制约,还有新闻源生产者的主观价值的影响。媒介是靠话语来言说的场所,与话语有着千丝万缕的联系。在福柯的话语理论中,权力的作用举足轻重,话语最根本的控制模式和影响方式都离不开权力的影子。真正的权力的监督功能和制约功能是在话语中实现的,从某种意义上说,话语是某种权力的利益的体现,它"不仅代表着一种言说方式,也代表着对言说者权力和身份的认同"①。

布尔迪厄对此进行了发展,他认为权力是对资本数量的拥有和控制能力,话语权即成为言说者对资本数量占有和在此结构中地位级别的体现。因此话语权就是隐藏在其身后的各种资本如政治资本、经济资本、文化资本、社会资本、符号资本等对应的权力的体现和传播方式。

网络空间是一个借助话语进行争夺和斗争的场所,争夺的焦点为权力资本。权力资本体现为技术、传统权力和话语权。技术指能够为电脑提供的服务器等物质载体联结的网络空间的各种技术。传统权力则表现为与虚拟网络空间所对应的现实社会中少数人所掌控的具有较大影响力和制约力的权力,其能对网络场域形成一定的约束和制约。这些权力在网络空间中有一定的限制范围,为了维护网络的安定,依靠隐匿其后的权力发挥作用,更多地表现为现实社会权力下的网络干预,即可以认为是现实社会场对网络场的作用和影响。网络空间是一个相对开放的场域,任何成

---

① 李莉:《中国博客的话语权现状研究》,西北大学博士论文,2009年,第12页。

员都有可能在这个场域中出场、行动并获得某些社会资本和权力资本。福柯的话语即权力。因而网络空间中的言说者的话语言说方式、情感体现和群体认同由各自所占有的资本的数量和结构所决定,反映着媒介传播地位的高低,决定着言说主体是强势话语者还是弱势话语者。从一些网络事件中可以看出,政府官员、媒体从业人员、普通公众都是按照各自拥有的社会资本和权力资本出场,获得相应的权力或地位。网络空间的变革,改变了传统的权力结构和社会构成。多数行动者依靠争夺话语权来获得社会资本即获得人气。这成为网络空间不同于传统社会空间的特有的游戏规则。进入网络空间中的语言信息,正如卡斯特所言,"新的权力存在于信息的符码中,存在于再现的影像中,权力是一种围绕社会的文化符码展开无休止战斗的能力"①。因此附着在电子载体上的所有的信息、图片都成为一种符码。但是,普通的符码不是布尔迪厄所认为的带有特殊含义的符号资本。话语权表现为与文化资本和社会资本有着密切关系的权力资本。在网络场中,人们依靠手中的文化资本和社会资本即人气来争夺权力资本,这也成为网络空间与现实社会不同的游戏规则,即点击率的多少成为人气旺盛与否的考量办法。拥有较多文化资本和社会资本的行动者更倾向于拥有更大的社会资本,从而更容易积攒人气,获得更大的权力资本。而现实社会中拥有权力资本的行动者,在网络空间则有时会受到抵制,会失去一定的权力资本,除非动用传统权力和技术手段来干预。而这样又会对网络权力造成一定的破坏。网络实名制的实行,反映了现实社会权力向网络空间的渗透,也将现实社会的文化资本、权力资本向网络空间辐射,使得网络场规则变得既不同于传统场域的规则,又与传统场域复杂地交织在一起。

---

① [英]曼纽尔·卡斯特:《认同的力量》,曹荣湘译,社会科学文献出版社 2006 年版,第 416 页。

2. 实践主体形塑中的网络惯习

"惯习作为持久的性情倾向系统，从客观方面是被建构化的结构(structured structure)，它寄寓着个人接受教育的社会化过程，浓缩着个体的社会地位、生存状况、集体的历史、文化传统；惯习从内在的生成性而言也是建构中的结构(structuring structure)，它下意识地形成人的社会实践。"①惯习的概念要求我们从下面两个方面分析行动者的行为：一方面，行动者的行为具有自身客观的逻辑，即受外部客观结构的制约，又在制约中不断建构内在的实践逻辑，具有创造性；另一方面，分析行动者的行动需要从客观实践中分析外部的结构和内部倾向系统。网络空间中拥有不同社会资本的行动者，可以借助网络场域自由地表达意见和平等地交往。他们的行为方式和话语表达受到传统现实社会场的权力资本的制约和束缚，会表现出两重性：一方面，网络空间的开放性给每个行动者以平等的机会来表达；另一方面，又根据自身所具有的性情倾向组成相近的网络群体。网络空间中的行动者即是现实社会中等级阶层在虚拟环境中的体现，其又建构着新的场域构型图。

(三)场域与网络舆论

资本、权力与惯习是网络场域的核心要素。资本转换与权力生产随着网络空间中话语博弈的变迁而改变。资本决定和影响着话语的传播地位和权力的实现，权力和话语的呈现策略又会进行资本的转换与增值。各方话语言说主体在网络空间场域中此消彼长，既斗争又抗衡，呈现出"赋权—争权—协商—对话"的博弈场景。

1. 网络场域中的言说主体

网络场域内的言说主体，即在网络场内能发表意见的主体，包

---

① 张怡：《实践的文化理论与除魅》，《外国文学》，2003 年第 1 期。

括普通公众、代表政府的官方、媒体从业人员和知识分子、学者等。具体表现为场中的强势话语者和弱势话语者。在网络场内，这些不同的言说主体的身份都隐藏在屏幕背后，网络上的身份在场的表现形式体现为言语之间的对抗和妥协。这与现实社会场以身份来推断言论不同，在虚拟的网络场域内发表的言论成为判定身份的重要标准。

网络场内占有话语高地的一方可以称为话语强势群体，易形成“显舆论”；话语处于不占有优势的地位则视为弱势群体，倾向于“潜舆论”。但“显舆论”与“潜舆论”之间不是绝对割裂的关系。各方话语势力背后呈现的话语主体在“网络话语空间”内施展威力，旗帜鲜明者或以言语犀利、反映民众愿望和解决民生需求为特色，占据话语高地的群体对对方的话语场域的对抗，形成强场更强、弱场更弱的形势。网络舆论场内有一些潜水者，无意“灌水”或回帖，抑或只是抢个“沙发”而已，时而发表些言论，参与到整个讨论过程中，意见无法形成一种势力，但有时候在特定的事件的意见形成过程中会转化为强势话语群体。因此，在一定条件下，弱势话语、沉默话语和强势话语不是一个固定不变的因子，他们会在与传统现实社会场的话语争夺中进行一定的转换。话语博弈是网络场内舆论博弈的最重要的一个景观。

在各种资本和利益诉求下，网络场内发生的群体事件形成的舆论成为一个博弈、竞争、协商与对话的场域结构。各方言说主体都依靠身后所附带的强资本介入网络群体事件的讨论中，也都通过讨论的过程弥补其他资本的不足，提高各类资本的实力。言说者由于各自社会化程度的差异，会呈现出不同的惯习言说行为，争夺话语和权力，对抗与博弈是网络场域中群体事件形成各种舆论的一个侧影。

2. 网络场域中言说主体行为

网络场域内主体的言说行为和动机可以通过网络舆论事件中

的文本的内容、话语使用的策略和手段来进行分析，要考虑网络场域中的“惯习”，即考察主体的网络言说习惯和行为模式。

互联网利用 Cookie 技术对空间内的主体 ID 进行追踪、定位和锁定，及时了解他在互联网空间的行为踪迹和性情倾向，即通过对其使用的新闻信息类、电子商务类、生活服务类等服务器的追踪，描绘出有关互联网空间主体的行为特征。首先，利用新形势下聚集的大数据，分析出该用户的信息(包括人口统计学特征、地域属性、兴趣爱好和消费习惯等)；其次，对空间内的主体身份和内容分享进行定位和追踪，判断其身份特征、生活方式和关系圈子；最后，再借助网络技术将用户数据整理和汇总到移动终端，更加具体详尽地了解用户的行为特性。由此，借助互联网的大数据的追踪和定位，对不同平台、不同设备的海量用户及其行为数据进行再整合，并通过精确定位、动态追踪和关联分析，最终真实、准确、完整、实时描绘用户长期行为图谱。[①] 由此，借助大数据时代的文本信息和分享内容对用户属性和言语行为模式的精准判断，更准确地对话语竞争的实质进行分析。

3. 网络场域中的圈层内涵

布尔迪厄将“场域”定义为“不同位置间客观关系的网络或构型”，强调从场域的角度思考就是从关系的角度思考，以不同个体间的互动关系来定义场域的界限。[②] 在网络场域内，存在着不同的“关系”和“圈子”，这种圈层关系内部呈现出各方话语言说主体间的竞争和依赖的多元互动场景。

网络舆论场是由广播电视、论坛博客、各类网站和报纸杂志等构成的“显舆论”场和由移动客户端应用构成的“潜舆论”场组成。

---

① 倪宁、金韶:《大数据时代的精准广告及其传播策略——基于场域理论视角》,《现代传播》,2014 年第 2 期。

② [法]布迪厄、[美]华康德:《实践与反思——反思社会学导刊》,李猛、李康译,中央编译出版社 1998 年版,第 134—135 页。

首先，媒体和政府都在利用互联网技术终端开设新闻网站、政务微博、微信等平台，从而通过吸引公众的点击率来争夺用户的访问量。在网络舆论场，用户的访问量成为媒体、政府竞争的核心资源，即“资本”。媒体既可以通过增加栏目设计、改变网页内容等方式来吸引话语主体的关注，也可以借助社交平台直接发布信息与隐藏在平台背后的言说主体进行互动。

其次，媒体与言说各方的关系被彻底改变，建立了个体与个体间的“一对一”互动平台。比如借助微博、微信等平台上的媒体账号，各个用户可以对空间中的信息进行评议和共享；空间中言说各方也可以根据自己的兴趣爱好，选择关注不同的媒体账号，对平台中发布的信息进行回复和评论。社交平台媒体和用户之间的“自上而下”的现行关系被打破，一种平等、交互的传播关系开始形成。

再次，网络平台为海量用户构建了丰富多样的“关系”和“圈子”，圈子中的用户按照地域、身份、兴趣爱好、生活方式进行归类和聚合，形成各种具有不同特色的社交圈层。这种圈层关系不仅将线下社交复制到线上，还实现了各种具有特色圈子的专业化、专题化服务。对于各个客户终端的后台运营商，需要把握网络场域中的用户关系，善于利用用户所在的“关系”网和“圈子”进行内容传播，更精准地定位用户层次。

各个场内都有强场和弱场，强场和弱场倚靠网民对信息的关注度和接受度的高低而形成。网络民众对关乎民生的信息的关注和接受有不同的选择性和针对性，对舆论的参与也表现出不同的热情。按照价值倾向的不同而表现出不同的关注和支持。这种变化关系如图 1 所示。

虚拟网络场与现实社会场之间也存在着一定的引力。网络场作为现实社会场在虚拟场中的一种反映，不仅被看作是对现实场的意见的宣泄场或安全阀，也被看作是一个被现实社会场进行控制和监控的虚拟场，时刻处于现实社会场的监视和掌控之中。而

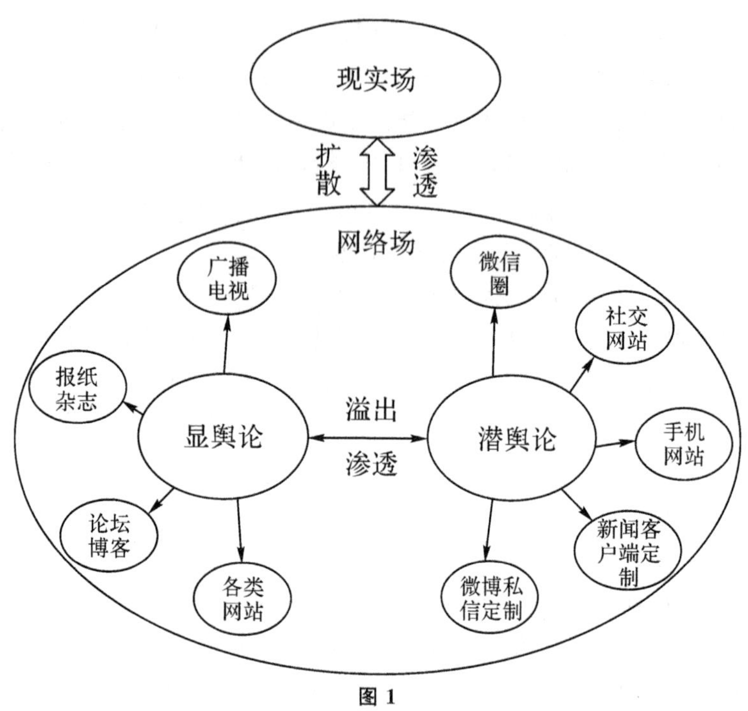

图 1

网络舆论场内的议题的解决，既要通过内部的话语争议形成议题高地，也需求现实社会场采取必要的政治、经济手段进行协调解决。当大量网络民众聚集在一起，因围绕某个话题或议题的共同价值取向形成吸引力强的强场时，更多的网络民众参与其中，浏览数和回帖数呈急剧上升状态，话语势力呈现多元化趋势，当处于强场的势力达到某种程度，会对社会造成相应的破坏。强场的势力越强，形成的冲击力和杀伤力自然越大，相反就越小。这也成为社会权威机构对网络社会进行管控的重要原因之一。

弱场相对于强场而言，是指话语弱势者、话语潜水者等形成的一种凝聚力弱、话语主题分散的场域领地。其中论坛版主、在线专家、网络水手等因关注强场的场域领地，无暇顾及甚至会无视弱场的存在。这些话题大多经过一段时间会变成“沉底帖”而消失在话语评论场中，但也不乏因某个事件而引发再度关注转变成为强场的可能。

网络场是由各个大大小小的子场构成的各种意见相互交流和信息传递的时空虚拟环境。网络舆论总场由不同形式的子场构成，其中，博客、论坛、新闻跟帖、贴吧、微博、微信等成为信息交流和传递的渠道，在网络舆论的兴起、发展和壮大过程中发挥着不同的作用。

网络论坛、贴吧等网络舆论子场成为网民进行交流互动的平台。通过网络论坛和贴吧等网络舆论子场发表言论和进行意见交流、互动，网民在意见领袖的导向作用下，对信息进行重新筛选和组合，对某些能引起共鸣的议题进行关注和热议，引发其他参与者参加到大讨论中来。

微博、微信“双微”环境下的网络舆论子场的兴起，为信息进行交互、开放式交流提供了更加便捷的方式。2009 年，中国门户网站新浪网推出“新浪微博”内测版，微博作为一种新媒体成为我国网民进行新的交流和讨论的时空环境，注册用户呈现“井喷”式增长，迅速趋近中国网民总数量。微博上的舆论成为社会舆情指数的晴雨表。2011 年，微信的亮相打开了移动互联网的新局面，微信在短短 3 年时间内已经发展成为最流行的民众间互相沟通交流的即时社交工具。中国的网络媒介环境正处在微博、微信控制的“双微”环境中，网民参与网络公共事件的热情达到前所未有的高涨水平。越来越多的公众开始成为话题事件的讨论者、参与者、制造者和引导者，不断地影响和推动着整个社会的发展。

作为广场式的微博舆论场，运用“井喷”式向外扩散信息；相比之下，微信舆论场则倾向于“暗香涌动”下的“窃窃私语”式传播，每个人都如一个网状连接的“圆桌”，而每个人都成为无数个圆桌的联系纽带。2014 年 10 月，新浪网总编辑陈彤宣布离职，随后加盟小米公司，标志着门户网站时代在移动互联网时代迈向寒冬。数据显示，2013 年中国整体微博用户规模同比减少 9%。新浪微博作为中国的最大的舆论集散地，尽管移动端用户数和发帖数在逐年增加，但与另一个完全的移动互联网产品来比，其优越性则大打折扣。移动新媒体更关注生活、商业和文化娱乐，这种圈子化式的隐性舆论场中的政治功能逐步淡化，普通人更多地在其中释放情绪和压力。“圈子式的隐性舆论”传播中的意见交换和成本在相比之下更加隐秘和难以把握，不利于形成公共舆论，但又会在某种程度上影响公共舆论。正是由于“隐性舆论”流动更加贴合实际的传播路径，在一对一、一对多和多对多的多元化传播方面更有优势，更利于形成圈子化的信息壁垒，形成对于个人和组织的隐私保护。

因此，对网络舆论总场的研究和分析过程中，既要对网络舆论各个子场在网络舆论发生、发展、壮大过程中的逻辑关系进行分析，也要对各个子场在总场中的位置和立场进行总结。

4. 网络场域中网络舆论——公共意见的演变

传播学者诺依曼认为，舆论是社会的皮肤。舆论是一种社会意见的集合，无处不在，无时不在。舆论正如“悬浮在大地上的空气”一样，成为生活中的一部分。但网络社区中形成的舆论，既有与现实生活中舆论相一致的特征，也有因为网络传播中的开放性与虚拟性的使用而呈现出的独特之处。

网络舆论的概念如下：

“舆论是一种事实或意见通过公共论坛传播与流动并被广泛接受的状态”；“公共论坛是各种形式的开放的言论管道或集散地，可以是广播、电视、报纸等传统的传播媒体，也可以是新兴的互联网”①；“是公众对于公共事务通过信息网络公开表达的具有网络

① 陈彤旭、邓理峰：《BBS 议题的形成与衰变——对人民网强国论坛的个案研究》，《新闻与传播研究》，2002 年第 1 期。

影响力的意见”①;“公众(网民)以网络为平台,通过网络语言或其他方式,对某些公共事务或焦点问题所表现出的意见的总和”②。“网络舆论不是指一个人的看法,也不是指某一个帖子的观点,网络舆论是数以万计网民形成的意向趋势。这种趋势是在互动、求索、争论的锤炼中形成的。”③“网络舆论是公众在互联网上公开表达的对某种社会现象或社会问题具有一定影响力和倾向性的共同意见。网络舆论主要由网络上的媒体论坛、论坛及新闻跟帖所形成。这种特性,使互联网上既有正面声音,也有负面消息,甚至还有造谣污蔑、混淆视听的各种杂音等有害信息。”④综合以上观点,笔者认为,网络舆论是借助互联网传播对某一焦点事件多数人发表的具有一定影响力的意见或观点。这个定义有两层含义:一方面网络舆论作为舆论的一种网络呈现方式,以网络作为载体,公众的言论、态度和意见都在网络中得到充分的表达。另一方面,网络舆论正如刘建明教授所阐释的,是一个“意见交互、融合”的过程。网络舆论凭借其特殊的介质更注重意见和言论的交锋与融合的过程。网络舆论是网民针对互联网上传播的某一热点事件所表达出的具有一定社会影响力的共同观点。

公共舆论是公众对“特殊政策和问题的反应”,“是有关政治和社会事务散乱的理念和态度”。⑤ 公共舆论是依托于一定的公共空间形成和发展起来的,网络舆论的形成与发展是以网络为载体形成的不同的意见主体的总和。由于网络舆论呈现出言说主体的

① 邓新民:《网络舆论与网络舆论的引导》,《探索》,2003 年第 5 期。

② 金兼斌:《网络舆论的演变机制》,《传媒》,2008 年第 4 期。

③ 《网络舆论天然合理》,http://tieba.baidu.com/f? kz=504903635。

④ 《加强网络媒体建设,形成舆论引导新格局》,《解放军报》,2008 年 6 月 26 日。

⑤ [美]迈克尔·罗斯金、罗伯特·科德、詹姆斯·梅代罗斯等:《政治科学》,林震、王峰、范贤荣译,华夏出版社 2001 年版,第 150 页。

不同态度，具有政治化的社会功能，[①]而且能在寻求合作中起到联络和动员作用，具有某种相似的社会认同的人群内部的“对话可以产生彼此的认同感和掌握自己的生活、促成社会变革的力量感”。网络空间作为一个“虚拟环境”，呈现出李普曼所言的更为复杂的一种“拟态环境”。网民可以在网络论坛中自由发表自己的意见，网络空间中会产生强势舆论与弱势舆论的不同阵营，网络舆论借助网络的开放性，意见和态度呈现“散乱性”，网民依据个体需求可以对信息进行自我取舍，这种建立在个人认知能力和立场上的意见，产生了“信息茧房”效应。[②] 由于实际网络空间中的网民个体之间的差异化，理性的意见难以达成共识，话语逐渐分化，网络舆论呈现出分散化、多元化。因此，网络舆论极易受到舆论传播机制和公众的非理性情绪的影响，最终以非理性的姿态呈现。网络舆论在由非理性、极化向理性的公共舆论演变的过程中，需要网络公共空间既能够“为来自社会的经验理性表达提供空间”，也能够“成为能动的制度理性的阐述者”，通过开放性的话语场域，促进和培育社会理性的进一步演进。[③] 李普曼认为，公众只有了解了所言说的世界，才能形成一定的意见。由于受审查及保密制度的制约，人是无法形成理性、客观的意见的。舆论具有的“公共性”需要公众经过协商、公开讨论才能最终形成公共意见。在这样的背景下，网络舆论中的“行动者阶层”即意见领袖会根据当时当地的语境，调整议题框架、变通话语策略、开展社会动员，在更加广义的场域里吸收广大公众的认可和支持，促成政府与社会进行策略性协商，

---

① JENKINS J C：*Resource Mobilization Theory and the Study of Social Movements*，Annual Review of Sociology，1983，pp527—553.

② SUSTEIN C R：Infotopia：*How Many Minds Produce Knowledge*，Oxford University Press，2006，pp213—214.

③ 李艳红：《以社会理性消解科技理性：大众传媒如何建构环境风险话语》，《新闻与传播研究》，2012 年第 3 期。

形成具有普遍共识的公共舆论。网络舆论从非理性走向理性的过程，也是公众舆论逐渐达成共识的过程。

二、网络舆论的兴起

(一)网络舆论的兴起

孙志刚事件作为一个富有标志性的事件，被看作是“中国的网民看到了自己家通过网络舆论改变事件进程的历史事件”[①]，这一年被称作网络舆论年。与以往的事件不同的是，人们往往在事件发生的时候，先寻求政府或机关等机构，继而再寻求传统媒体帮助。近几年来，“乌坎事件”“PX 项目事件”等关系民生环境安全的网络舆论事件的合理解决以及一系列有关公众利益的政策的出台和法律的颁布，都在改变着人们处理事件的寻求模式。“网络动员—政府介入—媒介跟进报道—事件解决”成为新模式。

孙志刚事件是网络舆论年最为典型的一个事件，一方面说明了网络为此事件中的集体民意提供了发表意见的场所和展现集体话语权的舞台，正是在网络的作用下，才使一个个人事件发展为具有代表性的全国公众参加的公共事件。这不仅标志着网络带来的新的“推特革命”，更是对话语霸权的一次成功挑战。另一方面，孙志刚事件正如有些学者所说，“事件的最终结局则是由传媒、公众、学者、政府共同参与的‘合力’而促成”[②]。孙志刚事件之所以能够引起收容政策的制定和制度的改变，是因为在传媒、政府、知识分子和公众的合力作用下的良性互动起了关键作用。正是在这种良性互动的过程中，政府在媒介、知识分子、公众的呼吁和作用下，及

① 胡泳：《众声喧哗：网络时代的个人表达与公共讨论》，广西师范大学出版社 2008 年版，第 308 页。

② 张志安：《编辑部场域中的新闻生产》，复旦大学博士学位论文，2006 年，第 121 页。

时有效地制定了政策，从而改变事态的进展。"'孙志刚事件'的意义，与其说是彰显了转型社会中新闻媒体的报道功能和价值，不如说是体现了公民意志的表达、公共利益的诉求与政府善治和决策能力的积极互动。"①从 2013 年到 2014 年网络舆论正能量年，"净网 2014""剑网 2014""打击新闻敲诈和假新闻""微信等即时通信工具治理"等专项活动的开展，开辟了网络专项整治的新思路，互联网网络治理亦迈进了新征程。

(二)网络舆论生态新格局:由单重话语到多重话语

我国移动互联网已经成为全球最热的"掌上舆论场"。"自媒体"时代的到来改变了媒介话语空间的秩序，公共舆论话语空间出现了分化和重构，正如陈卫星所言，"大众传播的生态正在经历着由单一话语空间到多重话语空间的变化"②。根据工信部公布的《2014 年 11 月份通信业务经济运行情况》中的数据，2014 年 11 月，移动互联网用户总数达到 8.70 亿，其中使用手机上网的用户达到 8.29 亿，对移动电话用户的渗透率达到 64.8%。③ 2014 年被认为是中国从"网络大国"向"网络强国"迈进的关键一年，互联网成为中国常态化的议事模式。这一年由习近平总书记任组长，成立了网络安全与信息化领导小组，加强国家在互联网层面的治理。"努力发展成网络强国"成为重要论断，网络正能量发挥日益强大的作用。2014 年网络舆情事件的首曝媒介以新媒体为主，与 2012 年和 2013 年相比较，新媒体曝光比例明显增高，超过了 2012

---

① 张志安:《编辑部场域中的新闻生产》，复旦大学博士学位论文，2006 年，第 117 页。

② 陈卫星:《社会调解的话语光斑(代序)》，见:椿桦:《舆论尖刀》，花城出版社 2007 年版，第 1 页。

③ 张树庭，李未柠、孔清溪:《中国开始进入互联网"新常态"》，《当代传播》，2015 年第 3 期。

年(67.3%)和2013年(64.1%),上升到71.1%。从首曝媒介的类型来看,网络新闻曝光的舆情指数也超过了2012年和2013年,占比最高为33.5%。随着网络平台的应用,一种新的公共事件发展成为网络集体事件。有学者对此下了定义:“所谓网络事件,又称为网络群体性事件,是指在一定的社会背景和社会环境下,全国范围内的网民基于某些目标诉求(利益的或情感的),主要讨论场域在网络上(但事件不一定肇始于网络),通过大量的转载、跟帖、讨论等参与方式,产生一定的表达和意见的场域效应,进而在全国范围内的网络场域中产生重大影响和形成一定规模的传播事件,个别事件会有网络场域、传统媒体场域、政府等第三方话语场域等的介入,需要强调的是事件最终的引爆点必须在网络环境中,即无论事件本身的发端、终结在何处,中间的高潮阶段都必须在网络场域内。”①

十七届五中全会公报中指出:当下中国面临“诸多可以预见和难以预见的风险挑战”,在当前中国矛盾多发期,互联网技术下的社交媒体促成的一些区域性、与个人利益有关的偶发事件被扩大为群体性的“新媒体事件”,因其伴随有群体性的应激行为,故易导致网络群体性事件的产生。人民网舆情监测室发布的《2010年中国互联网舆情分析报告》中指出:“某个突发事件在网上刚曝光,即可迅速引爆全国舆论,把地区性、局部性和带有某种偶然性的问题,变成全民‘围观’的公共话题,甚至变成需要中央政府出手干预的公共事件。很多突发事件只要涉及官员、警察、城管、司法、央企、富人、下岗工人、小商贩、农民工、房价、物价等敏感因素,就很容易引发铺天盖地的舆论声浪。”②互联网平台上,理性与非理性

① 李彪:《网络事件传播空间结构及其特征研究——以近年来40个网络热点事件为例》,《新闻与传播研究》,2011年第3期。

② 人民网舆情监测室(祝华新、单学刚、胡江春):《2010年中国互联网舆情分析报告》,http://yq.linkip.cn,2011年1月16日。

交错纷乱,呈现出别样的网络景观。正如胡泳所言,“在最坏的时候,它产生的是喋喋不休的妄语累积成的一个巨大的信息垃圾场;在最好的时候,它营造了一种良好的信息和思想交流的氛围和环境。人们对这些传播方式的是与非尚在争论不休。但是越来越多的政治话语将以新的传播方式出现。这意味着一种更加个人化、两极化和充满争议性的对话,公共事务和繁复的私人意见在紧张的、快速流动的媒体中缠绕在一起,难解难分”①。这些事件引起了各种话语之间的争夺和博弈,此起彼伏,互为交织,促进事件的进一步发展,但大多数事件却难以成为公共事件,说明网络上的民间话语还没有形成一股难以抗拒的力量和势力,未得到政府的关注。

在中国双重社会转型的基础上,受多元传播生态环境的影响,多重话语空间逐步形成。中国社会正在经历着由农业社会—工业社会—知识社会“三分范式”的“双重社会转型”(王雅林,2003)。中国双重社会转型引起了中国体制向非传统体制的转变,原来游离于社会边缘的弱势群体、组织(NGO)等也参与了进来。随着手机短信、网络微博、论坛、微信等互动媒体的出现,舆论生态传播由单级向多级的迈进,一些事件经过多级传播,往往能形成公共事件。因此,新媒体时代的危机传播就成了一个多音齐鸣、众声喧哗的“话语场”(史安斌,2008)。新华社前总编辑南振中分析了公共话语空间格局的变化,将变化归结为“两个舆论场”的生成。一个是“主流媒体舆论场”,以宣扬国家政策和核心价值观为传播目的;另一个是“民间舆论场”,现在更为具体的是“掌上移动舆论场”。人们通过微信、微博等平台对事务进行评论、评判,发挥互联网的“思想文化信息的集散地和社会舆论的放大器”作用,重新布局了舆论局面。而何舟则指出,在新媒体的背景下,存在着两个对立且

---

① 胡泳:《众声喧哗:网络时代的个人表达与公共讨论》,广西师范大学出版社2008年版,第3页。

交错的双重话语空间:一个是官方的话语空间,以大众传播媒体为主要传播渠道;另一个是非官方话语空间,以人际传播为主、以互联网软件技术为传播载体的微信、微博传播平台。公共事件就是在政府话语和民间话语之间的博弈和抗衡中持续升温的。民间话语者的地位愈来愈重要,话语权在新媒介环境下实现了新的分配和调整,网民拥有了话语平等权,传统媒体和新媒体话语之间的融合得到促进,话语秩序开始转变。

在中国社会移动舆论场成为新舆论阵地,移动舆论场中包含"微信、微博、微视频和PC客户端"的微端已成为移动舆论场的重心。从2014年整体变化来看,微博依然保持着最大的信息来源,但较2013年、2012年,趋势有所下降。其次,都市报也和微博一样成为社会信息最主要的一个源,通讯社排在第3位。按照喻国明所分析的舆情报告,"微博和都市报是舆情事件的信息源;第二序列是通讯社、中央大报;微信等自媒体平台,基于强关系而产生的一些信息。纵观5年来的变化,微信作为首发平台的比例在不断上升,影响力不断提升,未来还会进一步增强"①。微信公众号已经成为争夺话语权的新场地。"新媒体排行榜"网站发布的数据显示,在2014年11月的微信公众号排行榜上,"央视新闻"和"人民日报"微信公众号分居时事类账号的冠亚军,具有官媒背景的"侠客岛""学习小组""海运仓内参"等微信公众号,也在排行榜上节节攀升。

新闻门户时代,传统党报党刊的话语方式以宣传口号、八股式文风为主,经过转型探索,党报党刊开始运用新媒体的话语体系和游戏规则,逐步赢回读者。进入以微信为代表的移动互联网时代之后,各种有影响力的官媒公众号,逐步改变以往在读者心中的刻板印象,开始出现话语逆袭之态。主流舆论呈上升趋势——网络

① 喻国明:《当前社会舆情的结构性特点与分析性发现》,《江淮论坛》,2015年第9期。

舆论场“雾霾渐散，晴空出现”。2014 年 8 月 10 日以后，在分别抽样有代表性的最活跃账号时发现，10 家体制内媒体微博和 10 家政务微博的发博量超过了 10 位“网络意见领袖”。余姚水灾期间，网上的现场水灾信息比例大大超过各地“隔岸观火”式的主观评论，成为 2013 年网络舆论格局变化的转折性事件。①

互联网舆论的构成中，网络自媒体、体制内媒体、市场化媒体和民间意见领袖 4 支重要力量，在舆论场中舆情事件的形成更多的是复合型的议程设置，与民间话语实践者——“网络意见领袖”和传统媒体、草根网友共同推动话题升温。海量的网民成为网络舆论和社会舆论发酵的最重要基础，2013 年的“房姐”“房妹”“房叔”“表哥”等无不彰显网民的实力。舆论空间的形成，实质是话语空间的博弈，即官方话语和民间话语的抗衡、交错与吸纳的过程。这就是新媒体环境下的舆论新生态。

民间话语由于受到各种民间思潮的影响，会对官方话语造成一定的消解和解构，使网络群体性事件层出不穷，如香港占中事件、厦门 PX 事件和经由网络煽动的“7・5”打砸抢烧恶性事件等。网民的参与使一些事件朝着有利于民主进程的方向发展，有时则会带来一些谣言，引起社会的不稳定。网络公众已经形成一股不可忽视的重要力量。

三、网络舆论场域的生成

美国著名未来学家阿尔文・托夫勒说：“计算机网络的建立与普及将彻底改变人类生存及生活模式，谁掌握了信息、控制了网络，谁就将拥有整个世界。”今天，阿尔文・托夫勒的预言和现实一

① 刘鹏飞等：《政务微博群体与网络舆论生态研究报告》，人民网舆情监测室发布，http://yuqing.people.com.cn/n/2013/1206/c210118-23764336.html，2013 年 12 月 6 日。

一得到了验证。互联网被作为一个新型的社会空间，权力意识折射到该空间的每个部分，因此主导信息权力成为主要的权力形式，信息的不平衡机制亦逐步被改变。随着互联网技术的逐步发展，对现实社会的作用的不断增强，一个自由平等的社会将伴随着与网络权力的相互抗衡而实现。于是，政府和企业不断投资和建设基础设施，新型网络产品不断涌现，吸引用户，用户感触和分享信息等渠道给人类生活带来了各种乐趣和便捷。这是对未来世界的一个预期，也为未来想象“权力”空间增添了诸多不确定性，使互联网变成了一个新的权力空间。网络舆论事件的形成是各种合力博弈的结果。这就要求我们分析网络空间里面哪些因素会对权力博弈和争夺有影响。

关于网络舆论的界定，学者间出现了不同观点：有的学者认为，网络空间的话题内容成为网络舆论形成的议题源。网络上每天都会呈现大量的议题，但只有少数议题能进入公众的视野，引起网民的关注，从而转换成网络公共议题。网络舆论的发起于有共同利益的网络群体的意见的诉求，因此才能对社会产生影响。而另外一些学者则认为，网络舆论是由各种社会群体构成的公众在一定的社会空间内，对自己关心或与自身利益紧密相关的各种公共事务所持有的多种情绪、态度和意见交错的总和。① 网络舆论的概念的界定不完全统一，但无论如何界定，其中议程设置、意见领袖与草根阶层构成了网络舆论生成的 3 个要素的说法是一致的。舆论空间内部议题在新媒介环境下呈现什么样的建构模式，谁在设置舆论议程，又与媒介议程、大众议程以何种形式博弈，这些都成为思考的起点。由于新媒体的权力结构的变化，带有不同文化资本的言说主体，会使议题呈出现不同的影响力。新媒体的去中心化特点，带来了舆论议程设置者的权力的转移，即从传统的媒体领导人手里转移到网络大 V(“粉丝”在 50 万以上的网络“公

① 刘毅：《网络舆情与政府治理范式的转变》，《前沿》，2006 年第 10 期。

众人物”)手里。草根阶层作为一个新兴的群体,成为网络舆论的第三支重要力量。随着公民意识的不断觉醒,公众参与传播的方式和参与的形态都在随之变化。这些都成为本研究拟解决的问题。

(一)新议题设置模式

1. 网络微议题的出现

在网络权力空间中,舆论导向和观念形成是网络空间中最能反映信息权力本质的要素,议程的设置成为信息空间权力争论的焦点。大众传播时代,由于受到政策机制和价值观的引导,传统媒体传播的信息决定着人们对事件的认识和看法。媒体的这种对公共议题进行建构的功能即“议程设置”。从议题设置到议题融合是媒介自身运动的过程,也是多种力量进行博弈斗争的结果。议程设置最初由政治学家伯纳德·科恩提出,后被美国传播学家马尔科姆·梅肯姆斯和唐纳德·肖研究并证实。科恩认为,媒体在使人们怎么想这一点上很难奏效,却对人们想什么起着很重要的作用。1972 年,麦库姆斯和肖在《舆论季刊》上发表了《大众传媒的议程设置功能》一文,通过对以 1968 年美国总统选举的议题为调查对象的研究进行分析,发现媒介对议题的排版顺序和信息的传递频率都会与选民的议题关注导向有很大的关联。“在特定的一系列问题或论题中,那些得到媒介更多关注的问题或论题,在一定时间内将成为人们所熟悉和感知的议题,而那些得到较少注意的问题或论题在这两方面则相应地下降。”而且,“受到某种议程影响的受众成员会按照该媒介对这些问题的重视程度调整自己对问题重要性的看法”。媒体在信息传播中的主导地位,“既能影响人们思考些什么问题,也能影响人们怎样思考”①。研究者多从 3 种机

---

① [美]沃纳·塞弗林等:《传播理论:起源、方法与应用》,郭镇之译,中国传媒大学出版社 2006 年版,第 265 页。

制上考察大众传播的“议程设置”效果:第1种机制称作“0/1”效果或“知觉模式”,即大众传媒报道或不报道某个“议题”,会影响到公众对该“议题”的感知;第2种机制称作“0/1/2”效果或“显著性模式”,即媒介对少数“议题”的突出强调,会引起公众对这些议题的突出重视;第3种机制称作“0/1/2…N”效果或“优先顺序模式”,即传媒对一系列“议题”按照一定的优先顺序所给予的不同程度的报道,会影响公众对这些议题的重要性顺序所做的判断。① 这就说明在传统媒介以报纸、广播、电视为传播模式的环境下,媒介可以以对新闻消息的重复报道和版面的布局形式来引起公众对某事件的关注,在舆论形成的初始阶段起到一定的作用;人们也可以依靠媒体同质化的信息报道,确定自己关注和思考的问题的方向,对自己采取何种方式提供理论依据。议程设置集中在媒体议程和公众议程之上,大众媒体在一定程度上影响公众议程,也对公众舆论的形成产生一定的影响。

随着新媒体技术的发展,需要研究的问题接踵而至,谁又会对媒体进行议题设置呢?麦库姆斯和肖认为,提供新闻消息的新闻源、其他新闻机构以及新闻规范与传统是设置媒体议程的3个关键因素。② 因此媒介议程的议题受到这3个方面的影响,有选择地将议题带进公众的视野,成为公众关注的话题。所有的这些研究都是建立在对《纽约时报》《华盛顿邮报》和美国3家全国电视网的数据进行议题分析的单向传播的媒体基础上的。

网络传播不同于大众传播时代的单向度传播,它是一种渗透着人际传播的多向度传播。随着信息传播时代Web2.0时代的到来,人人都是话筒,都可以即时地关注和发布、评论和转发信息,从而对传统媒体时代议程设置权力形成冲击。新的媒介环境下,议

---

① 郭庆光:《传播学教程》,中国人民大学出版社1999年版,第217页。

② [美]马克斯韦尔·麦库姆斯:《议程设置:大众媒体与舆论》,北京大学出版社2008年版,第140页。

程设置呈现出新的变化。新的媒介传播形式下,新的权力中心已经形成。伴随着社交媒体的应用及个人和社群的参与,议程设置所涉及的功能、模式也随之发展变化。“崭新形式的媒介意味着崭新形式的传播,而这又意味着新的关系的形成以及新的权力和影响力中心的出现。”①

以前以报纸、电视为传播媒介的大众媒体引导议程设置的格局已经被打破,个体和社群与新媒体相融合的“微议程”的人际传播的出现,逐步影响着舆论的形成。根据传播学者彭兰的研究,“网络的以下特点决定了它会具有议程设置的功能:第一,议程设置假设认为,人们对某些议题的关注程度主要来源于这些议题被报道的频率与强度。网络信息能快速传播与繁殖,这个特点使网络可以轻易提高对某些事件的报道频率与强度。第二,在网络中,大众传播与人际传播是相互交织的,而在议程设置方面,人际传播对大众传播是一个有力的补充。第三,利用互动技术,报道对象与受众可以建立直接联系。因此,当事人的影响会更直接地传递给受众,这对于提高一个事件的受瞩目程度非常有利”②。在一些舆情事件中,以微博、微信为手段的信息传播能引起围观,并迅速激发形成多元利益诉求的“微议程”,影响并塑造了大众媒体议程和公众议程,最终形成舆论。

1972 年议题设置理论提出时,没有对设置理论所推动的力量进行解释,这就引起了荷兰学者丹尼斯·麦奎尔的质疑。第一,议题设置中,媒介与受众对议题的建构存在不确定性,媒介直接影响受众还是媒介通过受众的人际影响产生作用;第二,议题的确定是媒介直接决定还是政策的制定者直接确定,这两者之间有没有关联;第三,议题的设置是由媒介抑或个人的需求,还是充当媒介信

---

① [美]斯坦利·巴兰、丹尼斯·戴维斯:《大众传播理论:基础、争鸣与未来》(第三版),曹书乐译,清华大学出版社 2008 年版,第 64 页。

② 彭兰:《网络传播概论》,中国人民大学出版社 2001 年版,第 341 页。

源机构的记者，仍然是个未知数。麦奎尔的这些疑虑一方面是从媒介与受众的关系来分析的，另一方面是从影响和决定议题设置的因素来分析的。包括媒介因素影响在内，还有哪些因素会决定议题的设置，其背后的力量来自哪里等疑问值得深思。

传播学者所关注的公共议题包括：1)团体议题；2)媒介议题；3)受众议题。[①] 社会议题是一个各议题之间相互竞争，此消彼长的零和游戏。[②] 社会议题的零和游戏过程，是由社会中呈现出大量议题而只有一些重要议题才能进入人们视线，次要议题被遮蔽来实现的。媒介的版面排序和出版日期能随时变化，受众的关注度也在不断变化，由此许多议题间存在被关注的竞争和抗衡关系，一个议题的兴起以另外一个议题的消退为竞争结果。

随着互联网和移动终端等新媒介的发展，大众媒体设置议题的格局已经被打破，媒体议题设置功能发生了很大的改变，网众作为个人和拥有共同兴趣的社群积极融入新媒介平台，其作用日趋显著。尤其是在舆情事件中，网众或社群发出的一条微博即可引起围观效应，迅速成为多元化利益诉求的"微议题"，引导大众媒体议题和公众议题的走向，最终形成舆论。

那么如何界定"微议题"呢？微议题指由某些有共同利益的个人和社群通过新媒体技术平台，对某一特定事件有着一致的意见和看法倾向的议题。微议题的形成，主要依靠下面4种信息源：1)个体借助新媒体技术直接发送信息；2)社群或论坛对个体信息进行归纳、融合、总结，形成有一定影响力的议题；3)社群或论坛的议题碰撞激发新的议题；4)大众传统媒体议题设定激发新的议题。微议题的形成会受到个体和社群的价值观、心理需求等因素影响，

① 王囡囡，史振宁：《从媒介发展看议题融合》，《新闻大学》，2002年第7期。

② 祝建华：《议题之竞争与注意力之迁移：议题设五研究中的零和游戏理论》，《新闻学季刊》，1992年第62期。

也会受到对媒介的使用偏好的影响。有大量使用和灵活使用新媒介的个人或社群的加入,微议题的形成才有意义,才有可能对媒介议题和公众议题构成影响。因此,只有充分利用了互联网、手机和数字化移动终端技术的新媒体环境的个人才能对微议题形成一定的影响,从而成为影响和制约媒介议程、公众议程的一个重要因素。新媒介环境下的个体和社群间分享的信息成为微议题的最重要的信息源,这个信息源在新媒介环境下显示出新的特点:第一,能形成即时性、仿真性的图片和文字;第二,多方位、多角度的信息互动和交流,使得新闻随时随地可以被传输。微议题可以在第一时间形成网络舆论议题的起始点。

首先,微议题强化了与公众的关系。新媒体环境下,信息传播改变了以往的单向、封闭式传播方式,公众可以实时地借助文字、视频、音频或图像对社会问题进行评论转载,这种交互性和开放性并存的新的传播方式逐渐成为人们追捧的一种传播方式。公众的评论可以引起社群的热议,成为社群争论的焦点,形成具有共同利益的微议题群,直接对公众议题造成影响,影响公众怎么想和想什么。

其次,微议题直接影响公众议题。微议题通过一种立体的网状方式进行传播,网状中的各个节点的信息随时都可能被改写。因此,会引发正向舆论与反向舆论,即理性思维与非理性思维。前者可以引导信息以理性的方式传播,使非理性舆论逐渐被湮灭;后者则是任由非理性的信息传播,混淆了事情的正向建构。无论是正向还是反向的意见建构,都是在强化和影响微议题的设置,即进一步强化了特定个体和社群的议题设置。众多个体参与和促成微议题,有利于提升议题的可信度,但因其没有一定的"守门人"的监管,可能会走向非理性,导致议题走向反面。因此,我们微议题的关注点要放在个体、社群所发出信息的行为倾向上。微议题使具有共同利益的个体和社群间的互动性增强,使得少数派的声音经过同质化的社群的聚合产生共鸣效应。

再次，微议题与大众媒体议题之间会进行互动与博弈。大众媒体议题一般来自新闻源，但有时候个人和社群的利益需求直接在网络呈现也会成为大众媒体关注的焦点，当突发事件发生时，大众媒体又能通过发送符合个人和群体利益的信息引起他们的共鸣，产生舆论效应。在微议题产生过程中，一些个人或群体中具有较高声望的人被推举为意见领袖，他们的意见成为微议题参考的重要指标，在舆论形成过程中发挥着不可替代的作用。他们的观点能够将某些单个的人或社群对某一议题的反应反馈出来或提出异议，给大众媒体议题提供了参考。

在这一过程中，个人与社群在互动过程中结合理性的讨论容易建成倾向性议题框架，并通过议题倾向不断对大众媒体舆论造成影响。大众媒体的议程框架来自倾向性框架的影响并对此做出判断，这时的大众媒体议题和微议题是互动与相融的过程。个体和社群作为议题的信息源在议题框架形成中担任着重要的角色。大众媒体对事件的报道因受到个人或社群的正、反向意见的影响，易形成极端化趋势，增大社会问题群体极化的可能性。

最后，微议题和大众媒体议题会合力影响公众议题。在日常新闻报道实践中，大众媒体会对个人或群体提供的议题进行甄别，不会全盘接受。大多数情况下，微议题和大众媒体议题彼此消长、协调，互为合力影响公众。因此，当前议题设置是微议题、大众媒体议题和公众议题合力作用的结果。其中，微议题作为信息源以渗透型的裂变式传播方式对舆论的走势起着一定的作用。

2. 议题设置主体间的博弈

新媒介环境下，议题设置通常是这样一个过程：由个体、社群和网络媒介提供的信息源刺激个体，经过个体、社群和媒介的合力作用，通过新媒介的平台完成微议题的设置，微议题和媒介议题、公众议题的相互转化和博弈形成新的议题，最终实现议题的呈现。

其中个体、社群的作用不可忽视,个体、社群可以以网络直接分享的方式将议题带入社群,通过平台的不断讨论、博弈、修正,形成社群议题,议题进入下一个社群,引起社群与社群间的共鸣,继而形成社群间的议题;各种媒介介入议题设置,变成媒介间的议题融合,形成核心公众的议题,促进议题在决策层面上形成决策议题,最终对个体、社群造成影响。这是一个不断演化和推进的过程。因此,议题源是网络舆论形成的隐性因素,随着个体、社群和网络媒介对信息的不断呈现,议题源随时都在发生变化。变化的核心变量是个体、社群的价值观和共识性,社会条件和社会问题会随着这些条件的变化而流动,新媒介是支撑整个流动的不可或缺的宏观媒介环境。

网络成为社会形成议题的重要发布平台。议题的设置权、设置者都在扩大,网众均可在网络上开设账号,设置账户,以灌水推手的角色传播和改变议题的内容。网众可以成为设置议题的直接操纵者。但同时,由于网众水平的参差不齐,一些民粹主义情绪的介入,网络媒体的议题设置在反映社会问题、推动社会改革的同时可能存在"灌水"的成分。从"背景门""抄袭门""打伞门"到"香烟门"无不体现了网众极高的参与热情和活跃程度,却在影响人们如何思考方面还很欠妥。有学者对"7·23温州动车追尾"事件进行分析时指出:微博成为最早的信息源和舆论集散地,信息的传播、评论、扩散以及意见的转换都是在微博上进行的,微博形成的微议题是使"动车追尾事故"成为议题的主要呈现方式。

由于网络传播的全球化特征,网络的议程设置还会受到西方媒体的影响,这也是网络全球性的一个反映。某些原本属于本国的议题得以在全球传播,是因为受到西方发达国家的议题设置导向影响,最终变成全球公共议题的。当今社会,信息流动和传播处在不均衡状态下,那些处于信息前沿的国家往往在事件的报道中占有对事件的优先报道权,而那些信息落伍的国家则被动地接收它们的信息，完成议程设置中的被利用，失去改变事态的最终话语权。

新媒体事件的议题设置，在新的传播技术和传播形态的影响下，其互动模式和互动过程都在公众、媒介以及政府三方博弈的张力中显现出来。公众、媒介、政府三者逐步成为议题设置的权力主体。鉴于三者在议题设置上互相依靠、互相制约、互为补充的关系，1999 年，麦库姆斯和肖根据传媒环境的新的形势变化、发展而提出了与传播环境相适宜的新假设——“议题融合论”，从议题设置到议题融合，研究的着眼点由大众传播媒介如何影响受众到受众如何使用传播媒介产生传播效果，这一递进过程，反映了信息生产和信息传播的参与式进化过程，议题融合是网络技术条件下的必经之路，也是共同设置议题的常态之路。在议题设置论中，媒介议题的排序决定了受众接受议题的顺序。在议题融合阶段，受众借助可利用的传播媒介，有意识地对自己感兴趣的议题进行筛选、判断，当某个议题进入受众的视野，又与有相同志趣的个人或团体的观点一致性，即进入被引导阶段，形成议题的融合。

新媒体事件的报道，媒介议题的设置按照“公众议题—媒介议题—政策议题”三层议题逐层递进的方式出现。(赵桂华，2010)厦门 PX 事件的议题建构上，公众议题起到了很大的作用，以专家为首的网络意见领袖的意见直接导向了事件发展的态势(邹洁，2007)。华南虎事件的议题呈现则是公众议题为主导，设置和反映了社会议题(张铮、谭英，2008)。在番禺垃圾焚烧选址事件中，公众、媒体、政府三方合力设置公共议题，形成了“互动”的传播模式(胡丹，2010)。这些事件都反映了议题设置的转换和草根议题的价值。

(二)网络微传播群意见领袖阶层的影响力

在网络群体事件中，网络意见领袖作为一个新意见阶层，通过对议题的关注，在网上形成虚拟意见社群，对驱动网民运动和推荐政策执行起了很重要的作用。在新闻生产实践中采取或悲情或戏谑的话语方式来表达民意，推动公共舆论和调动民众的政治参与积极性，成为网络政治动员的重要参考系数。比如，倡导维护消费者权益的律师王海；厦门 PX 环保事件中推动事件发展的专栏作家连岳；孙志刚事件中的著名学者们；“周老虎”事件中的争辩律师；等等。网络意见领袖已经成为一个新的意见阶层，逐步成为媒体变迁中的一个重要线索。因此，网络舆论的形成无疑离不开对网络意见领袖阶层的意见。

1. 新意见领袖社区的形成

卡茨认为，成为一位意见领袖要有 3 个条件：第一，具有一定的价值观，具备专业能力，身处社交网的战略中心。简言之，意见领袖价值观作为首选的标准。第二，拥有学识。第三，拥有社交圈子。第一个条件与意见、思想有关。意见领袖即意见的领航者和指导者，在公共舆论空间中，容易因价值取向的不同产生不同的意见。某些人的意见是否会就某些议题形成舆论，价值取向就起着重要的作用。所以，公共舆论的形成，必定是一群具有相似价值观的人的意见呈现。同时，意见领袖要有学识，成为某个领域的能手，即“专家”。他们在信息传播体系中，成为人们对专业知识思考的参考。人们普遍认为专家拥有对所学知识的辨识能力，所以对其产生依赖感和信任感。伴随着专家的出现，权威意见出现，与权威密切相关的是责任，权威越高，责任越重。

在中国，公共知识分子被认为是最早的意见领袖。根据调查，知识分子更倾向于投身到社会的改革浪潮中，会对政府的政策有一定的评估和见解作用。随着现实表达机制的完备，知识阶层的内心对社会政策的表达欲望逐渐增强，迫切需要一个能随意表达意见的平台。20 世纪 80 年代，新启蒙运动时期，知识分子的启蒙思想活跃，希望能在体制外寻求一种空间表达意愿。所以，许多知识分子创建了一个游离于体制边缘的空间，力图冲破体制的约束，通过民间运作的方式，建构起了一个理性的公共讨论空间，讨论社会生活和公共事务。（许纪霖、罗钢等，2007）进入 90 年代中后期，随着大众传媒的兴起，一些知识分子开始以各种形式接触媒介，利用媒介的作用参与到社会事务的评论中来。《新周刊》等报纸专门开辟了“知识分子”栏目，并启动知识分子工作室，邀请一些知识分子、评论作家等对于社会时务表达自己的意见。同时，《新周刊》“年度新锐榜”还增添了“年度知识分子”评选项目。这个时期的知识分子与大众传媒接触，角色开始变得多元化。进入 21 世纪，意见领袖阶层更加多元化，冲破了以前只有学者专家参加公共事务讨论的范畴，草根、商人、娱乐界明星、官员也逐渐加入意见领袖的队伍中来。这一群体依托论坛、微博、微信等新媒体终端技术平台，聚集成虚拟意见群。相比以前的公共知识分子，网络时代的意见领袖与网络政治行动相连紧密，作为参与公共事务的行动者，发挥的言说和行动步调一致。在现代社会转型时期，各种矛盾冲突日益彰显，中国急需一批新形势下的公共事务利益的把关人和沉默大众的代言人。

在这个虚拟共同体中，正如格拉德威尔在《引爆点：如何制造流行》里所说的，要想达到传播效果，就要找到信息引爆点，即在网络上要将信息资源集中到某些人身上，让他们发挥联络员的作用，能够把大家召集起来；同时他们是内行，容易将知道的知识传授出去；他们还是推销员，热衷于使自己的观点让别人信服。如果三者结合，就能形成“病毒”式扩散传播，甚至引发思潮涌动。互联网时代，意见领袖开始出现民主化的趋势，即在群体间的成员冲破职业、身份、地位的差别实时地进行信息交流，当符合大多数利益群体的集体诉求时，意见社群中的意见领袖会进行分流和转化，谁将底层社会成员的声音和诉求反映出来，谁就可能被推举为意见领袖。从某种意义上说，意见领袖不是某个固定的人，而是某个能代表意见诉求的意见群体。这一群体在公民行动和政策制定中发挥作用，促进了国家—社会—公民的良性互动。从当下形势看，互联网的出现，极大地拓展了话语空间，"意见领袖"利用微博正在发挥着日益明显的作用。据人民网舆情监测室祝华新分析，网络名人的批量涌现，传统媒体望其项背，在一定程度上改变了过去由政府和官方媒体主导新闻宣传和社会舆论的格局。[①]

2. 网络舆论意见领袖阶层特点

互联网上意见领袖构成呈现多元化趋势。不仅有专家学者、媒体人士和明星的加入，更是吸引了大量粉丝的围观。女演员姚晨之所以被称为"意见领袖"，在于其利用微博平台积极参与公共话题的讨论，引起公民对某一意见的关注，对公共事件的解决起到一定的作用；而体育明星刘翔尽管粉丝数量很多，但因其不参与公共讨论，故不能视为意见领袖。所以意见领袖的衡量标准即为是否参与公共事务的讨论并按照自己的社交圈子进行"病毒"式传播。随着新媒体技术的应用，草根阶层也逐渐被列入"意见领袖"的行列。

目前，网络中各阶层、各利益群体都有意见领袖。互联网已经形成了一个多层次、各阶层的相对稳定的公共空间。根据资料，媒体人士占意见领袖中的份额最多，占到总"意见领袖"份额的28%，以撰稿人为代表的作家占到14%，党政干部紧随其后也成为意见领袖不可忽视的一部分，另外有将近三分之一的"意见领袖"具有多重身份。美国的微博客推特（Twitter）统计，占注册用户份额很少的精英用户，却有半数以上的关注力，即一半以上的评论转自精英用户。中国的新浪微博也呈现出这样的状况，大约有300位"意见领袖"成为网络舆论的主要话语权的掌控者。新闻事件的传播经专家的解读，形成意见取向后再传送给公众。网络舆

① 祝华新：《网络凸显名人话语权——善用"名人意见场"》，《人民日报》，2012年7月18日。

论中的话语奇观实质上是由意见领袖逐渐设置议题，掌握话语权的极端产物。2014年2月9日11时，中央电视台第13套新闻频道《新闻直播间》栏目曝光了东莞市内多处存在卖淫嫖娼活动。记者对东莞的多家娱乐场所进行追踪核查，证实了卖淫嫖娼行为在东莞正以猖獗之势蔓延。接着综合频道连续两天在《焦点访谈》栏目播出专题为《管不住的“莞式服务”》及《东莞扫黄，重拳出击》的节目，对“东莞各地卖淫活动猖獗，警方进行突击检查”进行了实时报道。各大主流媒体也相继跟进报道，声援政府，抵制嫖娼。但是，就在央视报道完的当晚11时，微博平台出现了草根博主“@南都评论”发出的微博“东莞挺住”，遭到许多“网络大V”的纷纷转发和回应，一下子评论次数高达2万次，转发量也达到3万次。“东莞挺住”“今夜我们都是东莞人”“东莞不哭”“天佑东莞”“记者还是去干点正事吧”等引起大量的评论和转载。中央电视台作为中国最能代表国家权威的电视媒体，“是中国最重要的新闻舆论机构，是党、政府和人民的重要喉舌，是中国重要的思想文化阵地，是当今中国最具竞争力的主流媒体之一”①。央视成为报道东莞色情行业服务的核心媒体，引发的网络舆论反应主要在网络论坛和微博等社交媒体上发生，其中以新浪微博为代表。

在新浪微博，搜索“东莞和央视”词条结果就有139万条之多。根据百度指数，“东莞”一词的搜索在第二天达到112万次，“东莞小姐报价”和“莞式服务”成为接下来持续暴升的高频词。而在微博等社交平台上，“东莞”的热议度达到百万次，其中广东地区热议度明显高于其他省份，占全国的17%。另外，“东莞挺住”“东莞不哭”的微博热议度也累计达到30万次。面对网友的质疑和调侃，“@央视新闻”坚持发声，先后发布9条微博严厉打击东莞色情行

① 参见 http：//cctvenchiridion. cctv. com/ysjs/index. shtml，2014年4月26日。

业，并呼吁广大群众共同监督打击色情业，态度不可动摇。在评论人群当中，大V用户达到4.8%，约2万名加V用户参与讨论发表看法，东莞本地加V用户微博言论数有800多条。[①] 在此次事件中，微博中的“网络意见领袖”借助评论、复制、转发等手段形成一个意见阶层，引起了圈群扩散效应。微博中的意见领袖成为此次事件的舆论领袖。实名认证为河北世纪联合律师事务所专职律师的@邢建民律师更是发出倡议：“组团去，拯救东莞!”面对号召“实名救东莞”的同行，大V律师徐昕公然“回应”说：“你们去，被抓后我坚决声援。”引起了大量的转发。

3. 网络意见领袖与议题关注度的关联

在网络公共意见形成的空间里，议题来源是议题产生的信息来源，这些来源借助个人、社群和各网络媒介提出的议题，与媒体议题、公众议题进行议题的交换、互动与博弈，最终设置出议题。汹涌的互联网空间中，普通网民跻身为新的意见圈层，成为舆论生成的信息提供源。究竟是谁在引导公众对议题的关注，谁在舆论的引导中起着很大的作用呢？研究发现，网络公共意见中有一个新型的意见阶层不容忽视，它属于舆论空间中的核心要素和启动机制，即网络意见领袖阶层。意见领袖阶层的特点是，活跃在互联网上，对别人的意见起着引领和导向作用，主要依靠网络上的知名度和号召力，在社会中有一定的社会地位和威望，具有相对较高的学历背景，关心公共事件和勇于承担公共责任。他们中有的人具有长期的一线工作经验和了解社会民情的一手资料，适应了现实社会无法将公众意见向外传输的需求。互联网成为这些意见领袖阶层揭露和反映时事问题，表达自我愿望和要求，实现自我价值的理想场所。他们由于能够体察到社会底层的民情需求，并注意引

① @武大沈阳团队向安玲：《央视与微博的爱恨情仇》，http://www.cctime.com/html/2014-2-12/2014212165698134.htm。

导公众进行意见评判，在一定程度上对舆论起导向作用。一些民间网站将这一群体称作“网络公民”。

在“东莞挺住”事件中，舆论场一片喧嚣。以网络意见领袖阶层和南方都市报评论、广东发布为阵营，微博舆论场发起了一场反对央视，力挺东莞的言论战。《人民日报》作为党的报纸接连发文予以反驳，舆情陷入热辩之中，议题也曾经出现过转移。“网络大V”的关注和参与，直接造成了对“东莞挺住”议题的关注度的差异。可通过分析传统媒体和网络上网民的关注度，来了解议题关注度的区别。在“东莞挺住”议题中，“@武大沈阳”和“@清华孙立平”“@媒体人杨青林”的微博应用对公众的评论和疑问进行解答，为议题的关注提供了方向。本次事件中，微博成为舆情发酵、升级、争辩的主要空间。借助应用 X-GOT 的微博数据挖掘工具，对微博中热点转发量和评论量进行梳理。东莞扫黄事件中的网络大V 对商业媒体（头条新闻、南方报系等）原创微博有着重要的二级传播作用。主流媒体的微博则以普通网民转发和评论为主。微博影响力主要靠媒体的原创微博来推动。其中网络大 V“@莞香花开”，则以“东莞下了场不小的雨”主题的转发量和评论量跃居首位，高达 23365 转发次数；以“@央视新闻”为主导的主流媒体的微博，主题直接醒目地冠以“央视曝光东莞色情行业”，引来较高的转发量和评论量，参与讨论的人数多达 7105 个。接着“@人民日报”为引导的主流媒体开始以“再评东莞扫黄，文明底线不容亵渎”为题深入讨论央视的主题，获得了仅次于中央台的转发量和评论数；再发题为“再评东莞扫黄，是非界限岂能模糊”的博文，更是引发第三轮的大讨论。文化名人大 V“@于建嵘”发出了“分析当下形势”的主题博文，起到了及时正确地对公众进行引导的作用。

东莞扫黄事件的议题萌芽期以中央电视台曝光东莞色情服务为起点，在 2 月 9—10 日经中央一台播报为主要引燃点，部分网络大 V 开始对央视进行炮轰，地方媒体跟进播报；2 月 11—13 日议题进入发展阶段，观点呈现多元，意见开始分散，以“作业本”“五岳散人”等为代表的网络大V接连发文进行抨击，对峙局面形成；在2月14—17日，以部分官员落马、地方媒体致歉等事件为代表进入议题高潮期，议题逐渐转移，开始关注反腐，独立学者司马南对央视进行问责与追问，舆论分裂直观化；2月18—25日开展整治工作，议题进入长尾期，议题回落。网络意见领袖阶层的先参与和先发声，对媒体的原创微博的传播起着重要的作用，只有地方媒体和网民积极参与到议题的评论和转发中，才能使公共议题形成。如果单独依靠某些网民的力量，而在网络中没有一定量的社会资本，就很难实现传播。网络意见领袖阶层正是凭借一定的社会资本，在网络中不断靠圈子力量扩展信息源，使微博的内容得到更多人的关注和转发，从某种意义上说，微博是“东莞事件”发生和演绎的舞台。网络意见领袖阶层的介入对公共议题的产生起了很重要的作用。

4. 网络意见领袖圈层构成

在“东莞事件”中，网络意见领袖的积极参与和评论，形成了一个流动的虚拟信息群。网络意见领袖群体的现实社会身份权力在微博中的反映，使其成为微博“话语权力中心”（彭兰，2010），他们通过实时转播和对央视的反讽评论得到网友的及时关注，成为网络舆论争辩的焦点，并将此议题与对此有相同意见倾向的其他网络大V和网友联合起来，形成一个强大的意见群。这一意见群由于存在于虚拟的空间里，所以可以被看成一种虚拟社群。在这一虚拟社群里，议题的关注和评论成为构成社群的基础。对议题的相互关注、转发，使信息形成一个交流群，构成相互关联的构型图—“网络”。将普通公众的意愿和诉求迅速由这个节点散发开来，对公共舆论的形成和公共政策的变迁起着推波助澜的作用。

在“东莞挺住”这一讨论的虚拟网络社群里，依靠对议题的评论和转发形成一个意见圈层。公众被降低了进入圈层的门槛，也在推动着议题的走势，成为公共话语空间推动公共政策变迁不可缺失的一分子。这一网络圈层中的核心部位是议题源来自政府(央视)和网络意见领袖(实名认证的大 V)的对峙辩论,这一圈层中的议题的走势和移动是靠两种不同的话语实践主体间通过话语较量实现的。各路“大 V”发布者依靠“东莞挺住”“东莞不哭”的悲情叙事模式,唤起民众的关注和抵制。微博账号“@独钓寒江雪”“@五岳散人”“@张凤岐”和“@尘人居士”等都在社交媒体上发布评论,他们运用微博直播、微博互动的形式进行直播报道;也有一些网民在微博大 V 的号召下,借用戏谑的方式对抗央视的报道。“@Lee 微来疯”说:2013 年全国小朋友最关注的问题——爸爸去哪儿啦?在政府的高度重视和央视的大力配合下,终于在 2014 年彻底找到了答案——东莞。

外围圈层为扩散圈层,包括公众媒体以及自媒体等跟进的评论和报道,如四月社区的帖文《“东莞挺住”不过是南都“绝望的呐喊”》,凯迪社区的帖文《东莞扫黄:“太子辉”梁耀辉好日子到头了?》《央视对东莞的色情行业报道是否客观公正?》,中华网社区的帖文《梁石川:拿东莞扫黄替卖淫者脱罪或是伪命题》,共识网的博文《胡赛萌:央视曝光东莞涉黄背后的权力博弈》,网名为“钞太平”的博文《东莞事件的舆论立场分析》①等,各种新闻媒体陆续跟踪报道。有“记者”“传播”圈群关系密切的“财经记者圈”(财经媒体自媒体联盟)、“钛媒体”(科技媒体人社群),用户群广泛的“罗辑思维”(订阅用户突破 100 万)等等。

最外一层为普通网民围观圈层。这些普通网友是以网络大 V 牵出的信息为扩散节点的发出者,扩大了议题的扩散范围,有网民“王东 money”在微博上发起“央视、东莞你支持谁”的投票,形成了一定的舆论扩散规模。因此,网络公民在网络意见领袖的领导下进行网络政治参与的“围观政治”(曾繁旭,2014)正在形成。

---

① 清华大学社会舆情研判小组:《东莞扫黄事件舆情分析》,《经济导刊》,2014 年第 4 期。

微议题介入成为最直接的信息核心源，并充当信息扩散、多重意见等角色。从“东莞事件”的舆论初期开始，微博和微信议题重合，同时成为微议题的集散地。2 月 10 日和 11 日，各圈层都在围绕着涉黄酒店老板的身份进行论证，“人大代表”“公车出入”成为核心词源，意见焦点尚未完全形成。舆论发展期参与媒体数量众多，矛头对准南方报系和网络大 V，舆论进一步发酵。舆论高潮阶段，东莞扫黄事件的问责成为舆论的焦点。对央视的批评声没有消退，追责腐败官员、讨论东莞经济成为舆论的新议题，舆论的对立和分裂更加直观。不同圈层对公共议题的关注度和影响度是有差别的。核心圈层即议题的信息发出层。在“东莞事件”中，网络大 V 是信息发出源，即点击量高的群体。第二层，其他自媒体和公众媒体跟进转发和评论。主要唤起民众的悲情情调，扩散正能量，扩展传播范围。最外围的普通网民围观层主要是对舆论形成压力。这些网民在“东莞事件”中评论和转发数量的多少成为衡量舆论规模的指标，使得舆论直观化。

5. 意见领袖对网络舆论的影响

在网络论坛中经常会有一些发言人热衷于发帖子、阐述个人意见，引起别人的关注和转发，但认同度不一定高，这种帖了就如国内学者余红所阐述的“靶子型”帖子，发布这类帖子的人属于论坛争议型人物。论坛中也有一些帖子极少引起他人的关注和转发，因此，网络论坛中的意见领袖肯定是网络中的活跃分子，但活跃分子却未必是网络意见领袖。按照余红在《网络论坛舆论领袖筛选模型初探》中提到的将网络中的活跃分子划分为：舆论领袖 ID、靶子类 ID、焦点类 ID 和议题扩散类 ID。[①] 本书运用“影响力扩散模型”数据挖掘方法，以中日论坛作为研究对象。

① 余红：《网络论坛舆论领袖筛选模型初探》，《新闻与传播研究》，2008 年第 2 期。

首先按照每个发帖者的论坛影响力，分离出论坛活跃分子；然后以“论坛声望”作为分类指标对活跃分子进行聚类分析，从中筛选出论坛舆论领袖。①

在舆论发展过程中，网络意见领袖可以运用自身在网络虚拟社会中的社会资本进行信息扩散，影响其他网民的观点，推动舆论发展。在“宜黄拆迁”事件中，议题萌芽初期，由于传统媒体受到管制，意见领袖记者王琪贴出博文，随即被媒体人周至美等在微博上传播，议题得以呈现出来；议题升温期，邓飞的直播使议题成为热题；议题持续期，媒体人与政府“对话”，通过动员线上线下活动集体喊话，政府对“宜黄拆迁”案中所涉及的主要责任人进行追责处理。在网络舆论意见领袖的作用下，“宜黄拆迁”案得以处理。在“范跑跑事件”中，网民“中正润之”认为：“范跑跑事件在地震的时候先跑本无可厚非，但后来的言论是对道德、良知更大的背叛。他的‘犬儒主义’思想会败坏社会风气。”②此观点引起了广大网民对社会道德滑坡的反思，进而上升到社会主义核心价值观的探讨，引发了网民从伦理道德方面看待事件中的主人公。可见，网络意见领袖的意见可以在某些条件下促进事件的发展，推动舆论，同时又可以引领舆论发展的方向。

由于网络的匿名性，网络信息每天都以汹涌之势向外喷射，有一些会导致网络谣言四起，而又由于网民对事实的真相不了解，以致易形成以讹传讹之势。网络虚拟世界也是“网络谣言”的温床。2014 年 6 月，温岭松门镇一户老人在家中被害。这一消息在很短时间里在微信朋友圈以各种版本的流言形式传出。当地民警勘查现场最终确定，老人死亡是正常死亡，伤口是老鼠所咬。事实真相

① 余红：《网络论坛舆论领袖筛选模型初探》，《新闻与传播研究》，2008 年第 2 期。

② 李祖华：《范跑跑事件》，http://edu.people.com.cn/GB/88733/115369/8578974.html，2008 年 5 月 22 日。

是一个叫林某的村民，在拍到警察勘查现场的微信照后，肆意杜撰不实信息，造成所谓的“恐怖血案”。一时谣言四起，造成不良的社会风气。在微博和微信的谣言传播中，意见领袖的影响作用也有区别，在微博中，网络意见领袖是微博谣言传播的关键节点。但微博属于弱关系传播，微信则主要是针对朋友圈中的熟人这种黏性较强的关系传播，其危害也会更大。

意见领袖作为一个日益兴起的意见阶层，对网络舆论方面产生的影响越来越大。一方面，影响网络中大多数沉默者和附和者。沉默的公民，不经常在网络上发表自己的言论和看法，被动地解读由网络中其他网络达人所更新的信息，作为潜水者，只是浏览但不发言，属于沉默的大多数；还有一些是对别人所发信息，只做简单的评论，有时候会对赞同的看法表示附和。于是在网络空间里形成了沉默的大多数受信息支配，发言的边缘者受发言人支配的不平衡格局，核心信息的提供者通常是带有一定社会资本的意见领袖阶层。另一方面，引导网络舆论的走势和动向。意见领袖能影响舆论议题的趋势和倾向。由于他们在虚拟网络社会群中有特殊的文化资源，故能够在舆论的议题形成期抢占话语的先机，并且为他人讨论设定议题的讨论框架。从议题的分布来看，网络中出现的议题一般是社会热点事件，不仅与重要的政策有关，而且和民众息息相关，跟医疗、冲突以及腐败等社会问题有关。他们抢占话语高地，运用富有鼓动性的话语直接点中事件的焦点，因而容易得到追捧。众所周知的“免费午餐”活动、“微博随手拍解救拐卖儿童”活动等都是网络意见领袖发起的全社会献爱心的活动；还有“杭州 70 迈撞人案”“躲猫猫案”则是反映了在网络意见领袖推动下形成舆论高潮的范例，关注网络弱势群体的遭遇，对事情进行客观公正的评述最终促成案件的公正处理，营造公平、正义的网络空间。

（三）草根阶层的觉醒

政治和经济势力掌控下的公众随着中国民主化进程和民意表

达机制的运行，已经摆脱了“靶子”角色，成为网络舆论不可低估的一股重要的力量。微博、微信等新媒体的崛起，给公众参与公共事务带来了很大的契机。新媒体环境下的公民参与是一个在不断冲突与融合中逐渐深入的过程。公众在日益多元化的舆论格局中，利用从赋权到争权的权力特性，积极改变话语策略，推动民间议题和政府议题的融合。

1. 草根阶层民主意识觉醒

(1)主体意识觉醒

互联网诞生以后，身处这一虚拟环境中的个体，按照理论来讲人人都是平等的。处于各个网络节点的人都能自由地发布和接受信息，并能将这些信息融入网络信息流中去。在这个多向度虚拟环境里，多数人对多数人的传播模式下，受众逐渐扩散和分化。一方面，受众的主体意识被唤醒，拥有更多的权力。不但可以不受时间和地点的限制去接受信息，而且可以随时随地生产信息、反馈信息，并有分辨事实真假的能力。另一方面，受众逐步分化为更集中的小众群体。由广场上群集的公众到影视剧院里的观众，再到电视机前的观众，每个人都拥有手机，都可以使用微博、微信的终端客户端。而且在网络虚拟社会里，还出现了按照兴趣爱好聚集的社团和论坛，聚集的场所从现实中的广场到虚拟的公共讨论空间，使聚集更加专业化。

(2)主体参与意识凸显

在传播的接受和消费角色中，受众的主体意识和个体意识不断增强；在传播的生产和再传播角色中，个体的参与意识则得到更大程度的凸显。传统媒体下个体被动地接受信息和解读信息，信息的生产被新闻垄断机构独占。在互联网社会里，个体借助便捷、快速的移动终端技术得以参与信息的分享和传播，可以主动参与和修改议程，独立承担信息源的生产和传播，可以就重大事件发表自己的看法，个体体现出从未有过的“我在”的存在感。在拥有“我在"的存在感后,"我参与"的成就感日益凸显。个体可以对所呈现的议题进行转发和评论,并将参与"成果"变成文本来展示,主动的传播能发挥更大的作用。

从大众传播效果的变化轨迹中,可以看到受众的变化模式:从受众靶子向受众中心转移。大众传媒时代的受众由被动的靶子变成有自身需求和满足的积极接近媒体的具有能动性的主体。从被动到主动的身份转换过程中有一点是不变的,那就是对媒介的依赖。从获取信息时的信赖到生产信息时的依赖都是没有改变的。在新媒体时代,这种依赖感不减反增,并且影响着人们生活交往的方方面面。受众对媒介的依赖性呈现出由接受到使用的变化。即过去大众传媒时代,受众只是接受媒体所呈现的信息,媒体作为受众的信息过滤器将受众感兴趣的话题进行加工再传输出来。在新媒体时代,受众可以不受话题内容、时间的限制,自由获取知识和随意浏览信息,成为某种意义上的自由媒体主导者。媒体发布的信息点击率的主要衡量标准就是看能否达到受众的满意度标准。正如尼葛洛庞帝说:"从前所说的大众传媒正演变为个人化的双向交流,推送比特给人们的过程将变为允许大家拉动想要的比特的过程。"①

2. 草根阶层参与形态变迁:从参与式传播到争权

随着新媒体技术的发展,普通公民参与社会动员活动方式也日益多元化。"华南虎事件"和"躲猫猫事件"等网络空间中积极参与改变事件进程的公众,被新闻传播学者冠之为"公民记者"的身份,并对事件进行调查和报道,形成了世界上的"把新闻还给公民"②,提倡"让自己成为媒体"的媒介改革运动的一部分③。

---

① 胡泳:《媒体:推与拉之间》,《世纪商业评论》,2007 年第 12 期。

② 王兴中:《把新闻还给公民——美国"公共新闻"运动的启示》,http://www.gio.gov.tw/info/2002html/11new/wang.htm,2009 年 11 月 20 日。

③ 李艳红:《传媒产制的"第三部门":北美和澳大利亚社区媒体的实践、制度及民主价值》,《开放时代》,2009 年第 8 期。

新媒体为公民记者赋权，促进了新媒体社会与国家的互动，拓宽了公民民主参与的空间。公民媒体赋权是一个参与传播，民主意识得以提高、集结和持续的过程，有助于社区动员，搭建另类公共空间。

在网上虚拟空间里，网民以“草根记者”的身份进行新闻生产实践，“草根记者”代表了网民正在以一种新的信息发布阶层出现。他们借助网络技术，利用媒体进行发声，影响和改变媒体的报道框架，甚至“组织和动用”自己的媒体。具体而言，媒体的生产是参与式的，以往被大众媒体或商业力量边缘化的群体有可能从自身的立场出发定义媒介文本，从而避开某些大众媒体所欲强加的霸权观念。[①] 在温州动车事故中，舆论初期，中央媒体对事件消息进行封锁，民众通过微博获取最新的信息，体现了微博的舆论价值。

(1)参与式传播中的赋权

赋权理论最早来自弗莱雷于20世纪60年代在第三世界推广的“批判教育学”。赋权常常与参与、权力、控制、自我实现和影响联系在一起。[②] 赋权早期在弗莱雷和阿林斯基的著作中被看作是一种传播过程，传播过程促进了赋权。[③] 罗杰斯和辛格尔追随弗莱雷和阿林斯基，主张将传播过程的赋权看作是小群体内多个体间的相互交往行为。[④] 从公众的角度来说，对参与传播

---

① WHITE A R：*Is Empowerment the answer? Current Theory and Research on Development Communication*，Gazette，2004，66(1)，pp7—24.

② JONSSON J H：*Beyond Empowerment：Changing Local Communities*，International Social Work，2010，53(3)，pp393—406.

③ ROGERS E，SINGHAL A：*Empowerment and Communication：Lessons Learned from Organizing for Social Change*//KALBFLEISCH P J：Communication Yearbook 27. Mahwah，NJ and London：Lawrence Erlbaum Associates，2003，pp67—85.

④ ROGERS E，SINGHAL A：*Empowerment and Communication：Lessons Learned from Organizing for Social Change*//KALBFLEISCH P J：Communication Yearbook 27. Mahwah，NJ and London：Lawrence Erlbaum Associates，2003，pp67—85.

权与话语权的争夺是冲破社会权力结构,维护自身权力的重要途径。因此,需要建构一种公民参与的舆论生态格局,使国家权力和公民权利能够得到保障,良性互动得以实现。参与式传播中最核心的原则是进行对话。对话本身构成了一种合作和集体行动的微观形式。[①] 发声也是参与式传播中必不可少的权力关系的体现。正如弗莱雷所说,边缘群体的发声能够改变自上而下的权力关系的下移,并且通过空间表达他们的愿望和诉求,参与公共讨论和解决遇到的问题。参与式传播将对话和发声看作权力关系的转移的体现,同时,参与式传播也强调强烈的行动导向。赋权过程是一种建立在反思和对话基础上,对行动进行整合的过程。

总之,参与式传播是传播参与者与外界权力进行互动的集体行为,最终以在媒介化的空间内取得关注度和能见度为目标。参与式传播与赋权交织在一起,有着天生的渊源:参与式传播催生了赋权的要求,赋权的过程又是参与式传播的过程。

(2)自下而上的争权行动方式:公众参与

"赋权从另外一个角度来说是指个人应发展积极的自我能力意识,对周围的社会政治环境有一个批判性的、分析性的理解和认识,同时增强自己的资源获取能力。"[②]赋权既包含政府赋权也包含民众的自我赋权,即民众的争权。公民的自我争权的过程是一种在表达中进行协商和行动的动态过程,也是与政府公权力进行博弈的过程。在争权过程中,公众的权力意识和民主参与意识才

---

① KINCAID L D,FIGUEROA E M: *Communication for Participatory Development: Dialogue, action, and Change*//LAWRENCE R F, KENNETH N C: Routledge Handbook of Applied Communication Research, New York: Routledge,2009, pp506—531.

② 吴世文:《新媒体事件中网络社群的自我赋权》,《新闻前哨》,2008 年第 12 期。

能增强。参与主体、建立公共空间和参与渠道构成了公众参与的三要素。参与主体既是参与的公众个体也指由公民组织的社团组织,公共空间是公民表达愿望和诉求,进行理性思辨的公共领域,参与渠道是公众进入公共空间进行议题参与的路径。在公共空间里,公众对公共言说空间的争夺和公民精神的培养是实现公众参与的具体方式。[①] 公共空间是介于公共权威和私人领域之间的一个公共领域。在这个公共领域里,公众以理性、自由、批判的方式对公共权威和政策发表看法和评论。公共空间的存在既是国家对公众力量存在的肯定,也是公众争取自由理性的公民精神的体现。在哈贝马斯看来,公共空间是公众对公共事务进行监督和评论的场所,也是对公共权力进行监督的领域。公众的公民意识和公共参与在不断形成和体现。没有公民意识和公民责任,就无从谈及公众参与。只有在公众自我赋权的过程中对国家的公共事务和政策进行主动有效的参与,公民的能动性才能被充分发挥出来,公共空间特有的公共性才能被体现出来。在新媒体时代,互联网终端技术微博、微信的应用建立了不同于传统媒体的参与方式和言说习惯,也勾勒出人与人之间的另一类交往形式和组织模式,新媒介环境为公众参与提供了无限的可能。首先,新媒体技术的赋权使越来越多的个人和社团组织参与到主体中来,实现了参与主体的多元化。其次,新媒体与传统媒体之间的良性互动拓宽了公众参与的平台和边界,突破了各个场域间的壁垒,为不同话语者间进行公平对话、理性协商提供了广阔的空间。

此外,新媒体的“低门槛”、去中心化的特性和裂变式的传播方式,为公众进行体制外的自由表达提供了更广泛的渠道,尤其是当体制内的参与遭遇阻碍和难以解决的问题时,体制外的媒介参与便成为促进事件解决的助力器。

---

① 周永康:《社会控制与社会自主的博弈与互动:论社区参与》,《西南大学学报》(人文社会科学版),2007 年第 4 期。

(3)参与模式:抗争中的协商

公众参加网络事件的过程实质是进行“抗争性谈话”的过程。“抗争性谈话”是梯利(1998)提出的概念。1978年梯利出版了专著《从动员到革命》——一本政治理论和资源动员的奠基之作。到20世纪90年代后期,他将研究转向文化角度对社会运动的作用方面。他将运动看成话语抗争的运动,即“抗争性谈话”(Tilly,1998)。公众利用网络中的社区和论坛,以回帖和发帖的形式进行社会动员,促进事件发展成为有抗争意义的网络事件。因此,在网络给公众赋予了表达权力的同时,公众又以争权的形式,运用抗争性的谈话与主流价值体系进行对话,这是争取民主进程的一个重要的进步,也给研究网络中的事件提供了研究的思路和方法。

公众参与空间并不是一个完全平等、完全理性的公共领域。而是布尔迪厄结构意义上的“场域”,即一个有不同位置构成的各个关系构成的网络。① 在这个关系构成的空间里,拥有不同力量的行动者运用不同的策略改变和影响着关系结构。② 具体到网络舆论公共空间而言,尽管有拥有不同力量的话语实践主体的参与,但由于其社会诉求、话语策略及社会资本的占有有着差别,各个参与主体间必然存在参与能力和效果的差异。一方面,公众的权力意识越强,拥有的社会资本越丰富,就会在公共话语空间里争取到更多的话语地位,从而更容易推动公共事务的解决和利益的实现。反之,权力意识薄弱、社会资本缺乏的参与主体,参与的能力和效果就越弱,利益诉求难以实现。另一方面,各类参与主体因其参与形式和在参与节点中的发力的不同,都会使他们在各类事件中扮演不同的角色。例如,网络大V为专家、学者的意见领袖时,在参

① [法]皮埃尔·布迪厄:《文化资本与社会炼金术——布尔迪厄访谈录》,包亚明译,上海人民出版社1997年版,第142页。

② [法]皮埃尔·布迪厄:《关于电视》,许钧译,辽宁教育出版社2000年版,第46页。

与事件的过程中，会表现出持续性发力、有效性评论的特点，从而使事件朝着有利于事态解决的方向发展。

2014 年，“两微一端”(微博、微信和客户端)合力，形成了较为稳定的话语体系和方式，成为舆论力量中不可忽视的一部分。在网络案件尤其是在“周永康案”和“令计划案”的舆情传播路径中，传统党报媒体的信息传播与微博、微信中的信息传播间已经产生了相互影响。在“隐性舆论场”中，会由于官方信息发布消息的不及时而引发各种猜测，完成意见交换形成新的认识。当“隐性舆论场”完成意见交换，随着反腐案件的水落石出，官方信息的发布，互联网上各种讨论的声音与微舆论场形成交汇，舆论造势就应运而生。多中心合力的议题设置成为舆论形成的重要参数。媒体成为网络意见领袖阶层和草根阶层之间重要的纽带、公众舆论的平台。新的意见领袖阶层的崛起和草根阶层的公众意识的觉醒都在影响和决定着舆论的走势和动向。草根阶层从赋权到争权的过程也是为争取话语权力博弈的过程。这一聚合各种关系的网络结构中，每个构成要素都会影响舆论场的力量倾向和发展方向。

第二章　网络舆论场域的内部生成机制

舆论作为一种意识形态下的产物，不可能是全体公众各类意见的总和，也不是自然条件下形成的产物，新媒体环境下的舆论生态必然受到拥有不同资本的社会现实场的制约和影响，其内部的舆论博弈场景以话语互动为关键节点。随着互联网技术的发展，各种社交化媒体的应用，为公众参加公共事务提供了技术的平台，话语权力得到空前的释放。公众逐渐掌握了话语权，开始在媒介提供的技术平台中发声，以更大的热情参与社会问题和公共事件的管理；以知识分子为代表的新的意见领袖阶层的出现，以及作为政府代表出场的公权力行使者的介入，各方集体亮相，相互博弈，呈现出以话语为主要争夺点的舆论竞争景象。

媒体在这一充满竞争的场域中，作为弥合官方和民间的断裂关系的一方，试图消除两个舆论场之间的鸿沟，在某些特定的议题上促成了民间与官方之间的良性互动与协商。因此，从这种意义上来说，媒体可以被看作是博弈的参与方，即充分利用好自身作为媒体的工具平台，形成强大的民意场对另一方造成压力，迫使博弈的另一方改变或及时调整已有的主张，让利益主体达成目的。静态的媒体方所发布的新闻报道，只有在分析它背后所反映的信息与媒介之间组合的关系之后，才能具有舆论力量。在一些公共舆情事件中，比如“孙志刚事件”引起的收容遣送制度的改变，反对乙肝歧视政策的出台，“张海超开胸验肺”引发的职业病维权大争论，等等。媒体作为公众利益代表参与到舆论博弈中，只有媒体持续关注，才能不断推动舆论朝着对公众有利的方向发展，最终促使政府做出妥协与让步，出台新的政策。

因此，在政府作为官方话语的参与方与作为民间话语的另一方公众进行博弈时，媒体既作为博弈的工具又作为博弈的参与方，会去协调官方和民间之间的断裂关系，最终达成公共协商的目的。其重要逻辑在于：媒体利用自身的平台作用，对民间话语和政府话语进行整合与调解，完成对某一问题的协商解决，即媒体话语在民间话语中既起着引导作用，又通过媒体平台反映民间话语，促使民间话语的表达得到充分实现；同时，媒体还对政府话语和民间话语进行整合，使双方的诉求在商讨基础上形成共赢格局。多股公众舆论力量的加入，使得双方利用手中的权力为促进民主生活方式形成一股不可忽视的推动力量。通过合法性认同、对抗性认同来分析事件，我们发现认同和媒介有着联系，其中的话语策略和叙事框架都是认同中的话语体现。

公众的普遍发声被称为“舆论”，对舆论的解释在学者看来只是各抒己见，至今都没有一个定论。李普曼在他的《舆论学》中称“舆论头脑中的想象——对自身、别人、他们的需求和意图和人际关系的图像”①。我国学者陈力丹从中国的实际出发指出舆论的理智性和非理智性。

无论对舆论定义的表述如何，舆论中最重要的一个因素是公众，舆论不仅是公众发表言论的产物，也是公众实现民主参与和提高民主意识的一种形式。随着新媒体技术的赋权，公众逐渐跻身于话语权的体系中，原来以公权力为中心的话语霸权体系开始瓦解和重构，在发生的一系列公共网络事件中，公众的参与，逐渐影响和改变着民主改革的进程。

根据人民网舆情监测所对 2014—2015 年移动舆论场突发公共事件传播热度的排序，其中舆情指数和传播热度较高的公共事件见表 1：

---

① ［美］沃尔特·李普曼：《公众舆论》，阎克文、江红译，上海世纪出版集团 2005 年版，第 32 页。

表 1 2014—2015 年移动舆论场突发公共事件传播热度一览表

序号	事件	序号	事件
1	云南昆明火车站发生暴恐案	10	香港"占中"事件
2	2014 央视春晚抢红包	11	上海外滩跨年踩踏事件
3	"5·28"山东招远血案	12	广西玉林狗肉节再引争议
4	马航 MH370 事件	13	东莞扫黄事件
5	茂名 PX 项目争议引发群众聚集事件	14	南京护士被打事件
6	周永康涉嫌严重违纪被立案调查	15	多地遭遇重大雾霾
7	7·5 杭州公交纵火案	16	云南除夕杀人案
8	郭美美赌球被行政拘留	17	乌鲁木齐火车站暴恐案
9	湖南湘潭产妇之死引发关注	18	"校长,开房请找我"事件

2014 年的移动舆论场风起云涌,从"东莞扫黄"到"马航失联",从广东茂名 PX 事件到香港"占中",舆情在微圈层的传播,显示了移动舆论场正在改变着主流话语体系的格局和网络草根表达的方式,传统的媒体思维与舆论定势正在形成。

突发性群体事件引起的舆论风波尤其多,如蓝翔副校长跨省打架事件引发舆论危机,"挖掘技术哪家强"成为网络流行语。此外,香港"占中"事件、广东茂名 PX 事件、杭州垃圾焚烧站遭遇群体抗议等,都充分体现了社交媒体在群体动员中的作用。

本章通过选取影响较大的弱势群体集体行动争权的网络舆情事件作为案例,探讨不同的话语主体在网络舆论事件中的博弈场景。早在 2007 年,在厦门、宁波、大连、彭州、昆明等地相继爆发 PX 项目集体抗议事件,这些事件都有以下特点:政府依据市场效应大力投资具有一定的污染性但收益诱人的选址项目拟定过程中政府决策主导,群众参与滞后,到进入政府审批程序后,群众才知情,引发群众强烈的不满和抵触情绪;群众的非理性"集结行为"导致事态恶化,政府与公众之间的矛盾成为主要矛盾,专家和媒体充当矛盾的调节角色。

2009 年,茂名市进行 PX 项目选址引发许多争议,其中发布的文章《以科学发展观的名义,环保专家应该关注茂名 PX 工程选址问题》和《“给省委书记捎句话”请关注茂名 PX 项目的选址问题》引起大量的关注,点击量超过 12 万。之后,茂名要求部分群众签署《支持 PX 项目承诺书》;2014 年 2 月,茂名市政府进行宣传活动,“PX”项目词条开始频繁出现在当地媒体报道中;3 月 18 日,《茂名日报》发表题为《PX 到底有没有危害》《揭开 PX 的神秘面纱》《PX 项目还要不要继续发展》《PX 项目的真相》等一系列文章并对此进行宣传,引起群众的恐慌与担忧;3 月 27 日召开的网民座谈会,网民与政府之间的沟通出现明显障碍,成为引发群体事件的导火索。

3 月 30 日,网民在网上集结表达对市政府的 PX 项目落户事宜的不满与担忧。部分网民开始在市委路段集结,进行网络直播游行抗议,导致交通拥堵。媒体报道集体滞后。事件发生的一天后,新闻报道数量仍有限,原创稿件很少,基本是转载政府官网的稿件。如茂名新闻网发布报道《广东茂名市民游行反对 PX 项目,政府:不法者挑唆》,并附《茂名市人民政府告全体市民书》,称“PX 项目仅是科普阶段,离启动为时尚早”。网络上民众抗议声迭起,事件达到高潮。

微博名人“@五岳散人”“@克里斯托弗・金”“@叶檀”“@袁裕来律师”等在微博进行评论,参与事件的讨论,呈现出网络意见领袖的观点。事件进入持续阶段:茂名市政府持续发布信息,媒体跟进报道,清华学生保卫“PX”百度百科词条,引起媒体的广泛关注;其中 4 月 11 日的波峰则由北京召开的“中国 PX 发展论坛”推动,媒体报道引用参会专家的观点作为报道的议题来源。如《新京报》的报道《环保部官员:一些 PX 反对者得到专业组织指点和资金》,议题源自中国工程院院士曹湘洪的说法。诸多网络谣言“茂名官方为阻止游行出动坦克”“茂名反 PX 游行造成 15 死 300 伤”“茂名市民因反 PX 遭警察当街暴打”等形成，言说主体间展开了关于官民信任危机的大讨论。4 月 2 日，《人民日报》发表评论文章《以更细致工作化解 PX 焦虑》，认为对于 PX 项目的焦虑其实质是民众与政府间的信任存在巨大的裂痕，提出针对性的意见，拿出热情积极消除误解障碍，赢得信任，谋求发展。《环球时报》则发表评论《PX 项目，溃退中呼唤坚守点的出现》，认为在发展 PX 项目上，各地政府要提高担当意识，评论中提到，“政府的担当会通过各种途径转化成公众态度的转变。如果政府随意弃守，整个社会就会溃不成军，一个谈 PX 项目色变的国家即使走向现代化，也是一瘸一拐的”。

4 月 23 日，中国新闻网对茂名 PX 事件的惩处结果进行了报道，但对 PX 引发的思考在媒体场域没有停止，事件进入回落期。

以传播赋权为视角，在个人、社区和社会层面上，官方话语与民间话语之间的互动对于媒体的调停作用是如何体现的，媒体在网民的社会行动力的转化过程中扮演了何种角色，作为知识分子的意见领袖阶层在博弈中以何种身份出场和博弈，其中四重话语空间的内在机制和运作动因，以及与公权力如何从零和博弈到实现公共协商成为本章分析的主要内容。

布尔迪厄意义上的结构性“场域”，即一个由不同位置之间的客观关系构成的网络或构造，不同位置的力量拥有者之间通过不断改变自身策略进行位置的争夺和改变，形成不同关系的网络结构。在这种关系模式中，一是探究行动者在网络场域中的位置。政策网络行动者区分为不同圈层的利益相关者，可以分为核心位置、重要位置与边缘位置。二是判定网络关系场域中强弱关系程度。在新媒体环境下的公众参与，不是一个静态的参与过程，而是一个汇集着不同力量的参与空间。根据话语偏向、利益诉求和社会资本占有的不同，话语实践主体存在参与需求、能力和效果的差别。当前中国处于社会急剧变迁、经济快速发展、体制转型阶段，社会裂痕和断层日益加深扩大,导致了大量社会矛盾和问题不断出现,规模化的群体事件频繁爆发,在这些群发性事件发生的表象背后,呈现出全方位的博弈格局。随着不同社会阶层的形成与固化(孙立平,2006)以及市场经济新资源分配原则的建立,新的利益多元主体已经形成。当不同利益主体的经济利益遭受威胁时,他们会及时去维护自己的利益,各方利益主体之间形成博弈和互动,尤其是当国家和地方政府作为利益主体直接参与到博弈场域中时,会形成一个更为复杂的利益博弈局面。在博弈场域中,各个利益主体由于带有不同的社会资源和文化资本,故在场域中有弱势群体和强势群体之分。一方面,权力意识越强,拥有社会资源越多的参与主体越倾向于主动获取合适的参与渠道进行意见表达和愿望诉求,并在场域中的位置上进行力量博弈时抢占话语的优势地位,更多地赢得公众、媒体和政府的关注,从而离事件的解决的愿望越近。相反表达意识和权力意识越薄弱,拥有社会资源越少的参与主体在力量博弈中越倾向于不利的地位,也就难以实现自己的利益诉求。

那么如何在网络空间中分析不同舆论场,并解释这些话语背后的内在动因,成为研究的重点和难点。探寻话语背后的言说身份和言说者的话语实践以及言说者之间的互动与博弈成为分析的着眼点。基于此,需要对言说主体进行划分,同时要将言说主体放置在由传统媒介与网络共同构建的公共话语空间中进行探讨。

根据 Myra Marx Ferree 等人的研究 *Shaping abortion discourse: Democracy and the public sphere in Germany and the United States*,将公共话语讨论的论坛分作几个部分:一是竞技舞台,处于竞技舞台上的言说者进行公开演讲;二是观众看台,看台中观众可以对竞技舞台上的言说者的表演进行观察和观看;三是后台,处于后台的人,想要登上竞技舞台进行表演,可以在后台对表演进行策划、采取策略争取方案,他们每天都在从事着文化生产工作。研究者将公共话语讨论分作不同的论坛,每个论坛都在形成一个公共话语场,言说主体借助论坛发表言论和看法。由此可见,大众传媒论坛在公共话语空间讨论中占据着重要的地位,各方行动者既可能是表演的主体也可能是看台上的看客,在大众传媒的平台上所有的人都在以各自的策略进行着实践活动,大众传媒所在的论坛成为政治竞争的主要场所。因此,这一论坛模型为我们提供了一个"场景—行动者"的研究思路。在中国现有的社会结构中,Myra Marx Ferree 等人所指的多个论坛并没有真正形成,媒介论坛是发生公共话语讨论的主要渠道,当媒介论坛的讨论达到一定程度时,才会反过来对其他社会组织和政治机构造成影响;同时新媒体技术——微博、微信的兴起,逐步取代大众传媒成为进行公共话语讨论的主要平台。因此,这一模型为我们提供了分析公共话语讨论的场所。

同时,需要我们对话语背后的身份进行界定。梯利在《抗争政治》一书中指出了抗争行动中的"行动者"概念:"当抗争、政治与集体行动聚集在一起时,某种独特的事情就发生了:权力、共同利益以及政府政策开始发挥作用。此时,所提出的一些要求变成了集体性的,这意味着它们有赖于要求人们之间达成某种协作;同时它们也变成了具有政治意味的要求:至少是通过政府设定为集体行动提出要求的监督者、担保人或调节者,而更直接的则是常常把政府假定为要求之主体或客体。在此情况下,网民把不时提出要求的团体称作政治行动者,还把一些他们自称的或其他人赋予他们的集体性称谓,如'那些工人''我们公民''我们女人'等等视为他们的政治身份。"

根据梯利的说法,我们决定按照人的"政治身份"来对他们进行区分,在公共话语论坛背后的各个言说者根据所拥有的身份的不同可以被分作 4 类:第一,普通公众只要在媒介表达平台上以普通人的身份进行发声的就都可以视作公众、网民。如果一个人是一位媒体从业人员或国家政府官员,但他在参与网络讨论时是以个人身份进行发言的,那么便可认定为普通公众。第二,媒体从业人员(职业新闻媒体人员),专指供职于新闻媒介机构,从事新闻工作,在媒介平台中表明自己身份,以媒体机构为代言的发言者。第三,知识分子,指那些就职于学术机构或某些专业机构的有威望的被大家所熟知的,发表意见能引起共鸣的群体,其中一些是为媒体写作的人,如专栏作家、时评家等。第四,政府及相关从业人员,指那些代表政府发言,并表明自身拥有政府人员的身份的人。

在这其中,媒体在社会结构中作为国家与社会关系的调停人,发挥着民意沟通、舆论监督的作用。在社会利益博弈的局面中,大众媒介作为利益一方如何报道和建构这些社会冲突性议题,它的报道框架和所采用的话语策略等对议题的走向、问题的定性和事件的最终结局都有着不可忽视的作用。因此,在公众与政府之间加入了媒体这一协调者的角色。同时,知识分子的意见领袖群体在发生的诸多事件中,作为最活跃的话语群体,也是不可忽视的角色。

一、媒体:资本逻辑规制下的新闻生产者

社会冲突事件是在一个社会权力竞技场域中形成的。新闻事实的框架结构成为整个竞技场中的关键因素。各个利益诉求主体、言说主体、行动者都成为角力信息来源的变量,他们采取不同的话语策略、报道框架来吸引媒体关注,不断对媒体和政府施加压力,进行话语权争夺。因此大众媒介对社会冲突性事件议题的报道以及所形成的话语竞争,实质上反映了场域内部外部的社会权力分布构型。在这个构型中大众传媒场域与国家构成的政治场域之间的依附、博弈的关系,反映了社会资源传播和话语实践的重新配置。

媒体按照发言群体的主体,主要可以被分作商业化的市场媒体、精英化的公共媒体和社区居民化的社区媒介等类型。在中国现行的媒体管理体制下,民众对媒介的接近和传播资源的获取尽

管有了很大的进步但仍旧在夹缝中生存，媒介接近权和资源获取权的不平等是中国社会的严重不公之一（夏倩芳、袁光峰、陈科，2012）。传媒对社会冲突的不同反应和态度，反映着媒体、政府、利益集团、公众之间的利益冲突，是社会权力结构不平衡的具体体现（夏倩芳、张明新，2007）。

（一）"台前"与"幕后"的合力推动者

在当今社会，公众参与事件不断被解决，部分归结于大众媒体和新媒体的合力互动作用。在事件的起始阶段，大众媒体受新闻价值等因素的影响不会将弱势群体的利益诉求当作报道的框架；新媒体的媒介接近权给公众表达利益诉求提供了可能，但新媒体的这种受到国家和市场双重规制的媒体不经传统媒体的许可，其意见表达容易陷入众声喧哗的境地，对社会力量的聚合形成阻碍。当传统媒体介入事件的表达中时，事件经传统媒体的参与而迅速过渡到喷发阶段，利益诉求得到最大化的呈现。在这一阶段，传统媒体和新媒体互为补充，官方媒体的集中报道和新媒体的舆论关注不断赋予议题新的价值。在协商阶段，传统媒体会因事件的解决而退出角色，而新媒体则因专家学者、媒体人员等内在力量的参与还在持续推进事件的彻底解决。因此，新媒体在事件的起始和爆发、解决阶段都成了集结力量、唤起共识的理性平台。

尽管微博、微信等新媒体终端应用技术的使用正重塑着人们的行为方式和交往模式，但传统媒体仍旧活跃在历史的舞台；事实上，依靠新媒体的"全民围观"期许公众被赋予更多权力时，传统媒体仍旧以主流媒体的身份发挥着社会动员的政治潜能的作用。可以看到"新媒体引爆—传统媒体跟进主导—政府参与—事件解决"的传播格局成为近期社会事件的普遍模式，利益相关主体尤其是处于社会资源边缘的弱势群体只有经过传统媒体的集中、专业的报道才有可能成为新媒体平台中的"热点"，继而发展成为社会舆论和政策议程的焦点，最终成为公共事件。

传统媒体评论以提倡沟通、公开信息为框架，重视维稳观念，其中以人民日报为首的党报评论，因受体制的制约，多体现维护体制格局的意识；新京报、东方早报等市场化媒体由于以市场机制为主导，常对公众所关注的敏感话题予以关注，表明鲜明的态度并直接指出问题的要害。广东茂名 PX 项目事件媒体关注度如图所示：

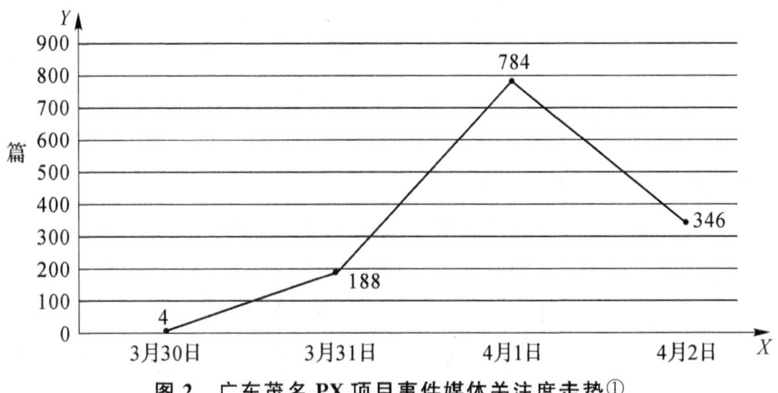

图 2　广东茂名 PX 项目事件媒体关注度走势①

【环球时报评论】政府对 PX 以及重化工项目的立项过程必须公开透明，严格依法依规依程序。决不能一遇到反对声就仓皇撤逃，为了一地的所谓“维稳”而冲击全国的法治秩序。在发展 PX 和重化工的问题上，各地政府必须对全国的利益有所担当。政府的担当会通过各种途径转化成公众态度。如果政府随意弃守，整个社会就会溃不成军，一个谈 PX 色变的国家即使走向现代化，也是一瘸一拐的。②

【华商报评论】公允地说，比 PX 更危险的产品，比比皆是。PX 成为“软柿子”有一定的偶然性，但不可否认的是，作为重大项

① 转引自：《广东茂名 PX 项目事件舆情分析》，http://yuqing.people.com.cn/n/2014/0605/c210114-25108215.html。

② http://opinion.haiwainet.cn/n/2014/0401/c232601-20480702.html。

目，民众应该有知情权、参与权、监督权。总有一些地方，喜欢撇开老百姓单干，“让民做主”让位于“替民做主”，甚至不惜执意和民意顶牛。这几乎是PX之争的通病，一个人在此跌倒了，另一个闷头跟上来居然还是摔一跤。在接二连三的PX之争中，茂名把自己推进了旋涡，以何种态度面对民意，如何读懂民意背后的环保焦虑并积极回应，这是包括但不止于茂名必须要面对的。①

“反石化运动”能够达成一致协议就是一个典型的媒体发挥间接作用推动弱势群体维权、争权的例子。这种争权经历了“直接利用相关人员以身作则向外界揭露事实引起媒体关注—媒体集中报道引起多种社会力量介入形成社会舆论压力—上层决策者经过博弈协商后通过行政手段解决问题”的过程。然而整个事件中一系列政策相继地出台，媒体因其在整个社会结构中的地位和资源现状决定了它只能充当“助燃剂”，虽为后期权力阶层的博弈和协商开拓了公共空间，但自上而下的权力实施的格局仍旧没有发生改变。当然还有一些弱势群体也在采取一些极端手段进行维权，进行集体静坐、抗议、游行，甚至攻击公安机关等，但只有通过利益表达的常态化渠道才能将诉求从没有定数的“自救”中转变成制度上的“他救”。

（二）惯习指导下的话语特征

话语，根据福柯的观点是“隶属于同一的形成系统的陈述整体”。从狭义上讲，话语是“语言的形式”，从广义上讲，话语则涵盖了“文化生活的所有形式和范畴”。② 随着大众媒体的深度介入，个人话语主体、媒体话语主体形成自己的话语策略，网络话语运动成为可能。

---

① http://hsb.hsw.cn/2014-04/02/content_8532143.html。

② ［法］米歇尔·福柯：《知识考古学》，谢强、马月译，生活·读书·新知三联书店1998年版，第34页。

话语在新媒体中扮演着重要的角色。新媒体事件的酝酿、发展和解决的过程，就是话语运动发生的过程。没有话语就没有行动。广大公众参与讨论“PX 项目”事件，在网络社会中不断互动——发帖、转帖、评论，最终在网络平台上掀起了一场声势浩大的环境保护的活动。这离不开媒体的话语策略和媒介评论。话语运动成为事件发酵、发展得到解决的重要动力。在“反石化运动”中媒体的评论形成强大的话语场，官方权力话语、传统媒体话语、网民话语在其间进行互动和博弈，推动事件的发展。

3 月 28 日至 29 日，茂名市民已经通过微信朋友圈在为即将进行的抗议游行活动进行暗中集结。在微信上呼吁抵制 PX 项目，反对石化运动，保护茂名环境。30 日，抗议爆发。微信朋友圈里一张警车后面贴有“反对 PX，PX 滚出茂名”标语的图片被广大公众互相转发。被疯转的还有民众持有的横幅“茂名欲赚钱而毁坏环境，我们不要这种环境换来的经济发展”的图片等。这些现场情况都在微信朋友圈迅速扩散并实现了裂变式传播。据《纽约时报》中文网报道，3 月 30 日的抗议活动起初井然有序，但事态发展后期出现场面混乱，群众开始向警察投掷鸡蛋、水瓶和石头，警察开始清场。整个示威活动一直持续到次日凌晨，群众的抗议情绪被激化。据《茂名日报》报道，当日下午，公民拦截车辆，造成公路拥堵。并有 20 多人冲击市委大门，打砸商铺和广告牌，焚烧警车等，极端行为蔓延开来。

为动员更多的群众参与到反对石化运动的游行活动中来，媒体评论的报道框架经历了从“环境议题”到“家乡议题”再到“政治议题”的转换。环境议题主张“PX 项目有害健康、坚决反对兴建”的关注点不能够唤起民众的直接利益诉求，然而经过组织者的扩散和操纵，点燃了群众的愤怒情绪，之后经过社会化媒体的信息再加工，议题逐渐被深化和扩大，“保护家乡”和“爱护家园”的议题被吸纳进去，进而转换成“政治议题”。

现场抗议的标语有“PX 滚出茂名，还茂名一片净土。茂名，我就喜欢你！喜欢空气清新的你！”，也有“茂名特产不是鼻炎”“为什么受害的是茂名人？反对PX还我健康家园”。此外，一个持着手机发短信的短发女孩，手里打着两条标语：“爱家乡爱茂名拒绝PX”“请帮助茂名人民吧”……这些标语经过微信、微博等发生裂变式传播，启动PX项目即为摧毁家园，参与抗议即为保卫家乡。

3月30日，不法分子的操控导致破坏事件频发，警方对于打砸、破坏公共事务安全的不法分子开始实行抓捕，动员框架开始向政治框架偏移。

财经网评论《沈彬：茂名PX“说不”若不自由赞成则无意义》称，PX已经超出了科学问题的范畴，更主要的是公信力的危机问题。提出了茂名政府当下应该要做的是重拾公信力，尊重市民的知情权、选择权。不能简单粗暴地靠封杀账号，以为就万事大吉了。如果市民的知情权和选择权不能得到完善的话，即使科学家讲再多的科学，公信也难以生存。《扬子晚报》发表《不妨点名PX反对者背后是什么人》一文，指出只要有关部门掌握有关证据和名单，就应该公开地公布事实，让民众不再迷茫，了解PX项目。而对于那些给反对者提供指点和资金支持的“专业组织”应当予以严肃处理。

此时，随着媒体评论报道框架的深化，被视为高危险的PX项目在茂名迅速蔓延，政府及其官员“腐败”与石化进行勾结的“贪污”行径败露，民众的抗议遭到政府的“封锁”，框架由对该石化项目的危险性指数分析转到对政府的问责上来。

（三）多重场域夹缝中的话语实践

媒介对于不同事件的议题的呈现框架是不同的，这是媒介受体制外控制和体制内权力共同作用的表现，呈现出不同的表达框架模式，是对背后的国家、企业、公民、社会组织等之间的力量博弈与竞争的直接反映。总览这种多元动态博弈景观图可见，影响媒体建构议题的最强大的力量仍旧来自国家，国家仍旧控制着大众媒介报道事件的议题框架。在“茂名 PX 项目事件”中，媒介采用了多元化复合型的报道框架，但无论媒体使用何种报道框架都是围绕着与政府的导向相平衡的方向的。换言之，中国大众传媒在对社会事件的议题的报道中“信任”“支持”和“协商”是基本框架，媒介话语始终依附于国家话语的逻辑。在“茂名 PX 项目事件”中，媒介对国家的话语控制有所突破。大众媒介对两起集体事件的报道议题形成的强大的舆论压力迫使政府决策发生改变。可见，国家和政府的权力管控因其内部松动的权力缝隙，给媒介突破国家管控，改进对社会冲突事件议题的报道框架提供了有利条件。正如某政治学家所言，中国官僚政治体制中松动的政治管理制度为中国改革突破旧体制创造了机会。（周雪光，2002）“反石化”议题是一个环境保护议题，在中国，环境保护议题是一个既难以解决又无规律可循的棘手问题，是国家决策部门和地方政府有意回避和刻意逃避的话题。媒介对这一议题的报道，容易将棘手的问题提上议程，符合国家政策诉求，大众媒介策略性地使用“环境风险”的议题框架将话语纳入讨论议程，并不断深化和拓展。

在这场充满博弈与控制的“反石化运动”中，大众媒介始终扮演着“双重话语角色”。一方面，要站在政府的立场上维护和构建“信任政府”的框架，在风险建构中通过过度渲染政府的政绩来掩盖和敷衍政府所背负的责任；另一方面，又要充当维护公民合法利益的代言人，代言公众的不满和需求，在国家—公民—社会之间来回周旋，寻找有利于树立自身形象的合法性资源、话语策略和竞争模式。大众媒介表现出权宜之计的摇摆不定的特征，这与当前中国政治环境的社会转型的大背景下，中国媒介不断适应、改革过程中举棋不定的特点遥相呼应。媒介与体制外的国家力量、媒介与其他社会组织力量以及媒介体制内部之间的力量都存在着利益表达、博弈与抗衡的关系。正如布尔迪厄场域理论中所阐述的，中国媒介正游离于各大场域的边缘，面临着身份和认同的双重危机。一方面，媒介受到政治场域的管控和制约，无形地被纳入政治场域框架中；另一方面，又会与其他社会组织作为弱势场域被政治强场域边缘化。由于媒介体制内的经济场域会受市场经济左右，因此媒介体制内相同的文化层面面临的是意识形态的“断裂”和价值“真空”问题，在国际主义和自由主义之间游离，既受到国际主义的制约又要适应自由主义的影响，这种双重管制导致了媒介话语的双重角色，有时奋起抗争，有时主动妥协。

新媒体为争权事件中公众表达权力和争取权力提供了行动的平台和话语的空间。尽管新媒体技术会解构现有的权力格局和利益体系，但这种“去中心化”的新交往模式的出现有利于从微观上加强民主的实践，改变建立在公民权利义务基础上的社会资本，从而改变各方的博弈力量。与传统媒体的“点燃”作用相比，新媒体的作用更加“机动”和“灵活”，其作用形式和话语策略体现在对事件的陈述、利益相关者对利益诉求的表达程度、政府对事件的关切程度和传统媒体的介入姿态等方面。“PX 事件”中参与集体动员活动的公民都是借用新媒体技术发挥作用的新公民，在集体的整个抗争过程中，在微博、微信平台上不间断的表达使事件始终处在公共空间的讨论范围之内。

二、政府：合法性身份的出场

与其他话语言说主体不同，政府在社会群体事件中扮演着与媒体、公共知识分子、普通公众的不同角色，一方面成为其他角色的抗争的对象或博弈的目标；另一方面在舆论形成过程中，身处舆论的旋涡中，受到各方话语主体及其行动的影响，却又与这些话语主体共同推进事件向前发展。从话语博弈的视角来看，公共事件的发生、发展和消长，实际上是政府、媒体、公共知识分子和公众等多方话语主体博弈、协商和建构的过程。政府在话语博弈的过程中，依据自身合法性认同身份，在自己的实践场域内，与其他话语实践者相互牵扯，形成一种动态的协商过程。一方面，其他主体的话语实践和行动对政府产生影响；另一方面，政府的回应也对会其他行动者的抗争策略和话语实践产生影响。因此，本节将讨论以下问题：政府作为一个行动的主体，与其他行动主体在何种情形下相遇，处于何种发声地位，话语博弈格局中扮演着什么样的角色，话语背后有怎样的话语逻辑，造成这种话语逻辑的内在原因是什么，有什么困境和疑问。

（一）舆论旋涡中的被动言说者的出场

社会群体事件中的政府机构既包括作为最高政治权力中心的中央政府，也包括地方政府和各级行政部门，它们都成为“被言说”的对象。在依托互联网平台，由大众媒介、公共知识分子和普通公众共同构建的舆论格局中，政府成为舆论旋涡中被动的言说客体，无论是在传统媒体中还是在互联网平台上，关于政府的信息源都来自非直接传递的方式。来自非官方信息源的政府消息以非直接呈现的方式使政府在话语互动的格局中一开始就处于弱势的被动地位。

在“茂名 PX”事件中，尽管事件情节、利益诉求、意愿表达和事件解决结果表现不同，但是在大众媒介报道和网络舆论报道中的话语建构和出场方式表现相同，都以负面与质疑的被动形象出现。一方面，是政府在事件发生时因“维稳”意识的灌输，成为被质疑的对象，从而在舆论中处于被动局面；另一方面，在舆论压力来临时，与来自四面八方的批评相比，政府的主动地位没有及时体现，相反显得局促、谨慎，其固有的权威的刻板印象造成其他话语主体内心的不平衡状态。

1. 利益冲突下的官民对立

政府的形象可以通过与一系列相对应关系的矛盾的互动来体现。当前政府和民众之间的关系被刻板化为“官—民”对立的不对等的权力关系。当集体事件或个人事件在某种“闹大”逻辑下被放大时，往往激发起对受害方即弱势群体的同情的情感共鸣和对当权势力痛恶的极端表现，在这种二元对立的“官即权大，民即被欺”的思维模式下，公众对政府的消极抵制的情绪一旦转化为大的批评热潮，就很难被平息。

利益相关者通过将该项目的危险扩大化，揭发政府机构、当地官员在事件演变过程中受利益驱使引进项目的事实，并以此作为议题转换目标，放大了权力无限大的一面，掀起了舆论关注的高潮。本书将该项目爆发后政府在茂名市政府的官方微博“@茂名发布”上发布的文本作为研究对象，具体如下：

2014 年 3 月 27 日，发布了一组视频，通过视频让公众了解 PX 项目。

2014 年 3 月 28 日，@茂名微联播发布《2013 年 5 月 21 日央视〈焦点访谈〉：PX 项目的真相》2013 年 5 月 21 日，央视《焦点访谈》栏目播出了关于“PX 项目的真相”，以下为节目文字实录：

> 我们很多人都注意到了，有一个词近年来很受关注，这就是 PX。只要一提到它，很多人都会闻之色变，接着就是排斥和抵制。

2014 年 3 月 30 日，茂名市政府发布消息称，茂名市区部分群众为了表达对拟建 PX 项目的关切，聚集于市委门前，致使个别路段拥堵。当日下午，拥堵现象有所缓解，但晚上近 10 点部分闹事者开始骑乘摩托车扔石头、矿泉水瓶等，公安机关迅速行动，果断处置，有效控制了局面，事件中没有人员死亡。

2014 年 3 月 31 日，发布“告全体市民书”，要求广大市民相信科学，相信政府，切勿让不法分子乘机引起混乱。市政府表示：“热忱欢迎社会各界，通过正当渠道表达对项目的关切，通过正当渠道反映项目情况。”提出了具有转折意义的意见——PX 项目的实施取决于民意。这一消息一经发出，就得到了高达 2093 次的转发和 1597 次的评论。

2014 年 4 月 1 日，召开记者会，政府发言人没再采取回避的态度，正面回答了记者的提问。同时，以茂名市公安局为首的公安机关开始发布关于督促违法犯罪人员主动投案自首的公告。

2014 年 4 月 2 日，发布新闻，茂名市领导与上访群众代表座谈 PX 项目。茂名新闻网讯 4 月 1 日下午，一些市民到市委门前上访。副市长梁罗跃代表市委、市政府在市委办公室 8 栋三楼接待了上访代表，就 PX 项目问题与上访代表进行面对面交流，听取他们的诉求和意见……

2014 年 4 月 3 日，发布新闻——市民：表达诉求应该理性期盼恢复良好有序生活。

新闻中说，连日来，茂名人们谈论的，网络论坛、微信、QQ 群里聊的，都在说拟建 PX 项目这个事情，许多市民表示希望尽快恢复良好社会秩序，恢复平静生活。闹事者不顾法律、破坏公共设施的行为，受到市民的谴责。

2014 年 4 月 3 日，发布新闻——#茂名 PX#【在市委大草坪开记者招待会纯属谣言】

各位市民：

市政府今天下午召开新闻发布会已明确，在社会没有达成充分共识前决不会启动 PX 项目。至于网上流传 4 月 4 日在市委大草坪召开记者招待会一事纯属谣言，请市民不信谣、不传谣。

茂名市新闻办

2014 年 4 月 4 日，官方微博发布了关于市老科协举办的 PX 科普讲座：

"@茂名发布"发布的官方微博在广东茂名PX事件中及时发布信息，回应事件的进展，体现了协商沟通的意向，动用警力进行社会治安，发挥了政府管理的效应，但在转发和评论数量较大的微博中，网友的留言仍以批评居多，微博的发声仍旧代表不了政府的传声筒，没有及时有效地传达群众的直接利益诉求，并没有达到预期的效果。从以往PX事件来看，各地政府机关和相关部门，都呈现出两面性，既要维护政府作为行政机关的利益，又要体现出交流的意向。因此往往在两重身份之间摆动，其态度和开明程度随着事件的进展有着不同的反映。未能从根本上解决群众的直接利益诉求问题。

2."息事宁人"下的"运动式治理"

在群体性事件发生时，以电视为主的大众传播媒体的播报新闻的态度会随着当权部门对事件的态度的改变而改变。长期以来，政府强将社会冲突事件定性为对现有制度的公然对抗与挑衅，进而采取压制政策，媒体作为党的宣传机构则采取集体失声的方式予以配合为"息事宁人"造势。近年来，群体事件呈现以下发展态势：经济利益日益政治化，底层民众的经济诉求反映出价值观认同的冲突与矛盾，同时反映出的政治诉求也被提上日程，推进到要查清村委换届选举背后的深层内幕，落实真正的民主程序，实现选举制度的民主化。近年来"PX项目事件"等多起群体突发事件的最初阶段，由于政府和媒体的"息事宁人"态度的错误和处理方式的不当，群体事件中出现极端激烈行为，给社会造成了意想不到的伤害和危害。因此，国内电视新闻媒体及其地方官员有必要调整新闻理念，正视社会矛盾，改变思路积极处理事件。

(二)行动中的政治认同

当代社会以信息传递快速、信息发布主体不确定和信息流动量剧增为特征。互联网技术平台的应用，凸显了社会转型时期的社会互动潜能，开拓了社会认同的实践空间，各种网络群体事件此起彼伏，以政府为主导的权威合法性认同和草根网民群体之间的认同形成鲜明的对立，社会认同实践呈现多元化和复杂化趋势。

在现代社会中，媒介在认同感的确立中起着很重要的作用。吉登斯认为，在高度现代性时代，电子媒体在自我认同中作用不可替代。卡斯特强调了媒体正在改变和塑造着人们的认同。在网络时代，这种由媒体塑造认同的权力，逐步被掌握着大量信息的少数精英所控制。

1. 与代表权力中心的框架博弈

在广东“茂名 PX 事件”中，代表政府的国内电视新闻播报的话语基调呈现出明显的权力意识：一方面有选择性地播报当地新闻的话语内容，或者刻意突出或强调某一类人的话语方式把意识差异扩大化，强化了政府合法性控制的合理性；另一方面通过借助画面与声音相结合的手法，借助国内新闻的话语态度对事件进行追踪报道。鉴于此前许多城市发生的多起反对 PX 项目的游行示威事件，茂名市政府以“PX 项目没有危害”为宣传的框架，做了大量的宣传工作，但组织者则以“反对 PX 保卫家乡”“官员贪腐导致 PX 项目上马”等反方的报道框架来回击，使政府的宣传遭受到广大民众和专业人员的反对和质疑，而组织者的报道框架则因与群众的切实利益密切相关，容易引起共鸣。

许多官方对集体事件报道的话语框架体现了这样一种“法律”和“理性”的合法性认同。通过以普通民众的心声为依托，阐释出非法行为导致社会不稳定因素剧增的现象，促使政府依法行事。

2. 话语表达中话语主体的强化

在集体事件的呈现中，为了强化代表权力中心的政府的政治宣传功能，往往是通过精英式的政治性话语来实现的。官方的宣传只流于形式，对于所带来的危害没有正面面对，只是一笔带过。2013 年 2 月 27 日，《茂名日报》刊登了《茂名石化绿色高端产品走进千家万户》一文，从一个侧面详细地阐述了该项目的开发公司石化公司的优势和项目研发的合法性。3 月 18 日，"PX"一词的词条广泛出现在百度搜索引擎中，地方媒体相继跟进报道。《茂名日报》接连发表《PX 到底有没有危害》《揭开 PX 的神秘面纱》等一系列带有引导性和宣传性的文章。宣传的效果未达到，反而引发了群众对该项目的大讨论："报纸上的说法都是骗人的，PX 要害死茂名人。"媒体的宣传和引导阅读，给群众造成了一种错觉，误以为该项目即将投入生产。

3. 政府角色的反思：体制内的博弈

在群体事件爆发时，政府作为一种拥有合法性身份的言说主体出场，与其他言说者在争斗与协商中形成话语的博弈格局。政府的角色主要涉及与利益当事人之间的官民矛盾；政府与媒体之间不再是以往的合作关系，变成事件中的紧张关系；中央政府与当地政府间的体制内也存在着博弈，中央政府极力从宏观角度改善官民矛盾，但当地政府从自身利益出发只求息事宁人的做事风格与中央政府形成一定的抗衡。

(1)政府与利益相关人

在一些与底层民众利益联系较为紧密的群体事件中，地方政府与利益相关人之间形成相互对立的矛盾关系。不仅如此，一直以来地方政府与当事人之间在事发前因为阶层利益分歧和刻板印象长期处于对峙紧张的状态。3 月下旬，茂名相关部门对各级茂名石化工作人员和部分教师代表、学生签署支持该项目实施的协议书，协议书中明确要求签署者不传谣，禁止发表有关反对该项目的言论，并且承诺不采取任何不利于该项目实施的抗议活动。最终承诺书不仅没有达到预期的目的，相反，民众对政府的宣传还被反向解读，不满情绪更加恶化。

利益相关者——群众作为弱势群体缺少一定的权力表达渠道，通过互联网平台的QQ群、论坛、微博等进行信息交换时，一些信息被屏蔽，底层民众的声音处于失语状态无法得到社会关注。当地民众由于境外媒体的参与才让民意在网络上得到更多的关注，网络社区发帖、转帖开始受到大量关注，被媒体曝光，这是当地政府最不敢面对的事实，故而会进一步采取措施，加大处理力度，对几名带头寻衅滋事的人进行逮捕，以求"抓一儆百"，而事实上，促成底层民众与媒体结盟的关键恰恰是当地政府对民众的态度和行为。在事件的发展进程中，当地政府非但没有缓和与当地利益相关者们之间的关系，反而将这种矛盾和不信任关系进一步恶化。

(2)当地政府与媒体

公共事件发生时，政府与媒体之间本应是利益一致，共同揭露事实，促成事情明朗化和早日解决的合作伙伴关系，但长期对社会资源的占有的不同，随着市场化媒体的出现，媒体与政府的关系被改变，建立在合作基础上的协同关系被打破，出现了失衡。在事件呈现的过程中，官方对媒体记者的问题一再回避。媒体记者收到的是来自宣传部门的各种"禁言"，若想得到事情的真相则需要通过采访当事人和当局官员才能核实相关情况，但最大的障碍还是来自公安和当地宣传部门。当然政府官员也同样会让媒体记者吃闭门羹。2013年3月17日，茂名当地网站负责人接到了"严控PX有害言论"的要求，《市委宣传部积极做好茂名石化重点项目宣传工作》的文件也提到要加强对网络舆论的进一步监控与监督，"对发表过过激言论的网民进行身份辨别，进行教育和稳控"。当地政府中的媒体，首先由于对不同媒体的认知的不同，态度上也存在差异。在地方政府看来，以市场为导向的媒体(南方周末、南方都市报等)主要是通过了解民意，反映民情和探求事情真相来博得支持的，对政府的态度比较直接，以揭露事情真相为目的，持批评态度。所以,政府对这类媒体存在着本能的抵触和排斥。而在面对中央级媒体、官方媒体时,地方政府的态度则较为开放。其次在公共事件中,市场为导向的媒体对地方政府是以质疑、批评为主,所以地方政府与媒体之间的对抗和敌对关系一直存在。在政府话语失语状态下,媒体的报道难免有失客观,很难调和官方和民间之间的关系。因此,媒体在地方政府眼里往往是"挑起事端""煽风点火"的角色。

(3)中央政府与当地政府

活跃于社会事件中的政府主体不仅包括拥有最高政治权力中心的政府机关,还包括地方行政部门和决策机构。政府主体的权力在事件发展进程中一般可以概括为:事件爆发期的冷漠或压制,事件进入酝酿阶段迫于压力被动回应,事件因积极协商得到解决进入长尾期,政府权力回归体制内。一方面,要看到政府部门对底层阶层利益诉求的关注度的增强,回应和反馈的提升以及效率的提高;另一方面,又要看到当局部门在迫于事件的压力下做出的被动的应急策略。当利益相关者的利益诉求暂时得到缓解、舆论处于减退状态时,政府权力中心又会回归到体制内的压制状态,因此由政府自发主导的具有一定意义的改革和举措很少有所推进。这种以目前的"维稳方式"为特征的"运动式治理"实则不利于维护社会的稳定,极易掩盖利益冲突的深层矛盾和利益主体的博弈局面。

从事件利益主体来看,"夸大事实"的话语策略成为博弈中常用的工具,其以达到利益为出发点,以进入社会公共议程为终极目标。从某种意义上来说,尽管"闹大"逻辑是一种从底层向上层争取权力的过程,但需要依靠媒体、政府、专家学者和社会组织的合力推动来促进事件的解决,这又是一个自上而下的解决过程。实质性的权力仍然掌握在政府当局手中。民主协商取得较大成果的"广东茂名 PX 事件"正是在集体行动的压力下,当地政府做出妥协的回应,事件才得以由对抗走向协商。可以说,权力部门的积极回应和提出决策意见进行制度修改成为事件得以解决的关键因素和决定性动力。尽管在当下民主政治制度还不够完善，社会事件频发的背景下，政府部门正在逐步改变以权力主导一切的行为模式，开启由媒体、社会组织、专家学者和公众合力参与的新格局。在这种良性互动的格局中，公民参与社会公共事务开始有序化，权力中心的妥协与调整也使公众更加理性，体现出公民权利意识的成熟。

此外，也要看到政府并不是步调一致的权力中心这一事实。中央政府与地方政府之间、政府各部门之间、机构内部的不同决策执行者之间都存在着某种冲突和对抗。中央政府改革的决心和地方政府的胆怯行事与体制内部分官员的热情程度构成了复杂的政府形态。首先，就中央和地方的目标定位来看，中央注重从长远角度来解决民间利益矛盾，并在宏观上去把控和创造条件为改革提供机会，而地方政府则着眼于当前的利益，以“息事宁人”的模式来压制人们的利益表达愿望。在茂名 PX 事件中，相关部门为配合政府政策与网友代表进行沟通。2013 年 3 月 27 日晚 7 点半，由高新区管委会主任及宣传部网管科科长主持召开 PX 推广会，会议主要参与对象为网上积极发言的活跃分子。原定会议有 50 名网友参会，但消息公布后，实际参会人员达到预期的 5 倍之多。会后，会议支持方高新区管委会主任被强留回答参会网友的问题，因网友的提问未能得到满意的答复，曾几度出现混乱争执局面。这次会议结束后，网友之间联络更加紧密，互留电话、微信。推广会第二日，即 3 月 28 日，许多市民通过网络集结参加 PX 活动抗议。3 月 29 日，抗议的规模通过网络进一步扩大。3 月 30 日，大规模的抗议爆发。

可见，在新媒体时代，网络舆论的爆发、走向和呈现，是一个以话语为关键节点的各方言说主体互动和冲突的过程。言说各方都利用民意的力量给言说其他方施加压力。舆论博弈的过程中，公众舆论作为一种民意力量已经不容忽视，其对舆论的走势起着一定的作用；博弈的言说主体政府、知识分子和媒体从业人员都对公众舆论这一股民意力量的崛起给予了足够的关注；各个参与主体在博弈过程中都遵循着一定的博弈规则。作为公众一方，在博弈过程中，需要理性地进行表达；作为媒体一方，在话语博弈中充当政府和公众之间的调停人，需要将公众和政府之间的对话进行整合，达到公共协商的效果。具体而言，媒体在公众舆情事件行动中不仅扮演官方的角色，呈现官方的立场，还积极为公众进行发声，推动民间的自我表达。与此同时，还主动游离于政府和公众间，对双方的话语进行框架整合，促成共同协商的效应。作为公权力方的政府，则需要借助媒体收集来的信息，及时对信息做出回应，采取新的判断和对策。政府对事件的积极回应也需要媒体向社会进行传播，可见，政府与媒体之间已经不是以前的管制方与被管制方的关系了，正逐步达成一种互为协商、共赢的新关系。作为调停人的媒体，承担着传播信息、转达民意的功能，起着传递信息的桥梁作用。参与博弈的各言说主体都通过媒体来表达自己的声音，媒体发声的任何一种倾向都会对言说的其中一方产生很大的影响。

三、公共知识分子：从“幕后”迈向“台前”

（一）微场域对知识分子话语的“技术赋权”

在大众传媒的技术依托下，现代知识分子开始步入由话语失声转向的公共言说时代。新兴社会化媒体的兴盛，开拓了公众表达自由的渠道，使民主论战和民主干预的可能性增强。知识分子积极参与到公共生活和社会事务的浪潮中来。

微博、微信等新媒体技术的应用，开创了便捷、自由与隐匿的后台交往模式，激发了大量具有原创性、碎片式的信息源产生，人们之间开始借助关注、评论和转发的交往模式，促进了具备私信和微型对话的新对话体系的产生。在发现与分享的技术理念下，形成了短小精悍、裂变式的微博，在微博基础上发展起来的具有更高级别传送信息、对话功能的微信，塑造出新型的交往场景和新型的交往行为，最终促成了公众话语表达由“去中心化”向“再中心化”的迈进。

微博的出现似乎给了每一个公众发声的机会和权力，但微博中的意见领袖作为社会中的精英依旧是塑造和引导舆论的主要力量。目前，不少公共知识分子正在利用自己的话语权高地和具备的良好批判意识，充分发挥媒体的力量，借助新技术的平台，率先进入新话语模式，尽管公共知识分子为主的意见领袖的受关注度远远不及娱乐明星，但他们在引发话题、设置议程方面能改变和引导舆论的走势，成为话语体系中的“引发器”和“扩音器”。区别于原来的传统知识分子和媒介知识分子，他们的影响力可以依托技术来进行量化统计，比如“粉丝”和更帖量就可以作为一个参数。这些知识分子往往是一些具有雄厚的知识储备，比较容易进行跨界交流，能够在各种言论中扮演批判者的角色和对道义进行谴责的角色，能起到一定的舆论导向作用。

（二）“幕后”向“前台”的迈进

近年来几乎所有的社会群体事件的顺利解决以及政策的制定和修改都离不开专家学者组成的团队的努力。所谓的专家学者，即一些在某些专业领域具备专业知识的人士，包括供职于各行各业的精英、学者、专家，他们拥有的雄厚知识资源和开阔视野能够将社会分散化利益诉求整合为社会关注性议题，并站在相对专业的角度和正确的立场对普通公众起到很好的引导作用。从他们所处的社会位置来看，专家学者在公众参与事件中起到了政府、媒体与普通公众间沟通的社会纽带的作用。一方面运用专业的知识和独到的见解将底层公众的利益表达向国家政策话语推进，另一方面为上层权力的改革政策实施提供良好的衔接。同时，专家学者参与公众事件时多作为事件“后发力”角色，即在事件的起始阶段、爆发阶段不作为核心力量出场，在舆论渐渐缓和的协商期和后期，发挥他们的后发力作用，围绕特定议题的长远意义作更深层次的推进工作。目前，精英评论（新闻业内人士、各领域专业人士及部分意见领袖的评论）或以社评、观察家评论等形式（不署名或以特约评论员的身份）发表，或以专栏文章的形式在个人专栏或集体专栏中呈现。

专家学者是将弱势群体的微观利益表达向上传递为社会公共议题的重要的参与主体，然而由于受到决策权和社会资源的局限性的影响，其对制度的改革和政策的变革不能起到直接的作用，但随着事件的公众的关注度的增强和权力机关的不断回应，专家学者的桥梁作用会实现最大化。媒体通过直接的话题框架呈现来提高议题的关注度，而专家学者近年来改变了以往“上访”“上书”的发声形式逐渐开始借助媒体的力量，面向公众演说。最典型的事例就是北京大学教授联名建议废改拆迁条例的举动，专家学者开始从隐匿的后台走向发声的前台来推动改革和发展，其行动成为社会关注的焦点。北京大学教授“@吴必虎”在微博中写道：“在为官短期、外地执政、缺少监督、系统腐败、央企独大的制度里，没有危险的事情都危机四伏，何况本身就有环境风险的PX?”“@五岳散人”则称，政府的公信力下降和多年来对民间社会的打压有关。精英人群的参与对于普通公民践行社会责任起到很好的榜样作用。

微博、微信等新媒体的出现使专家学者冲破了原来传统媒体话语框架的束缚，积极主动地进入公共领域，参与公共事件。置身新媒体场域的精英正在经历着“去中心化”和“再中心化”这两个截然相反的过程。一方面，新媒体的赋权使学者精英从后台走向前台，充分发挥专业的优势进行议题关注；另一方面，少数精英领袖在公共生活中对公众起到动员和指导作用。从围绕公民事件的微博表达中可以看到，“大V”专家的言论，无论原创或转载都得到大量的转发和评论。“@一毛不拔”微博称，PX项目的选址会对周围环境造成污染，对此项目的监管力度不够，民众存在的担忧不是没有道理的。当日接近7000人对这条微博进行了转发和评论。在网络时代，意见领袖成功推动了公众对环境的关注。

（三）敞景监视下的公共知识分子行动与话语策略

公共知识分子从“后台”迈向“前台”，在冲突性公共事件中，一方面对大众传媒报道给予事实补充和有利的解释，弥补了媒体不能解释的事实空当；另一方面促进就社会基本问题及时发表意见，表明观点引导舆论，对政策的制定形成发挥作用。公共知识分子的作用不容小觑。

作为人际传播中对他人意见和判断起引领作用的知识分子，在重大决策的讨论中，容易变成强势舆论群体，承担起发起讨论和策动的角色。关于PX的网络舆论一直难以达成一致协议。在近年来各种有关PX项目的选址事件中，PX是否有污染和剧毒都成为公众争论的焦点。网络空间中的意见领袖对于科学知识的普及和议案的提出都成为反对PX项目的最直接的意见来源，他们坚称“PX剧毒”，并以知识精英的身份亮相，他们认为“享有公共领域话语权的公知都是文科生”（北京厨子微博）。而此类公知，并没有相应的科学依据，只会将议题变得复杂化。同时也有一些专家进一步提出科学的论断去论证PX项目的安全性，成为支持该项目的另一大阵营，他们认为支持该项目建设的知识分子是在为政府涂脂抹粉，并将其称为“五毛”。他们还认为建立在没有科学基础上的社会条件是毫无意义的，在事件中更加关注政府的态度和开明程度。在这两大阵营的意见领袖辩论中，议题不断扩大，事件不断发酵，网络舆论的对立和分裂更加严重。其中厦门PX项目事件中，政协委员曾在“两会”期间向政府提出过一项建议该项目暂缓建设的意见，递交选址有待考察的议案，厦门市民正是在这份议案的指导下才发起大规模的抗议行为。在“PX项目”事件中，本研究以PX为搜索词条在新浪微博上摘选转发和评论数排在前十名的意见领袖的评论：

> @作业本(身份：知识分子)几天没上微博，一出来就不舍得那一百漫游费，狠心打开就收到无数宁波消息，不知宁波现在怎样，但即使再次被封，也得声援一次宁波人民：PX滚出中国！护好自己，宁波加油！作为一个网民，这是我们仅有的能力。宁波官员配不上宁波人民，他们在反对，你们在压制，难道他们的反抗，不包括你们的健康？
>
> @吴胜武007(身份：全国青联委员，就职于宁波海曙区人民政府)：从宁波市政府新闻发言人处获悉，宁波市经与项目投资方研究决定：(1)坚决不上PX项目；(2)炼化一体化项目前期工作停止推进，再做科学论证。

“@作业本”以其意见领袖的身份在PX项目的评议中运用个性化的语言，通过较高的转载率和评论量使事件向前推进。排在第二位的意见领袖的意见在一定程度上影响到微博传播内容的新闻报道方式和决策的制定方法，引领议题朝着有利于公众利益的方向发展。

(四)公共知识分子话语反思

微博空间中的公共知识分子在具有争议的冲突事件发生时，对受众与事件的本身产生了积极的影响，但其对舆论的引导存在一定的局限性。

公共知识分子仍旧处在敞景监狱的监视下，处于弱势地位。福柯将社会控制的标准模式总结为全景式的监狱结构图，社会、学校、医院、卖场以及其他所有政治、经济、文化和个人生活的场域都对个人的生活、言说和实践实行着监视。与福柯的敞景监狱下的监视相比，在新媒体平台上，公共知识分子所有的言说和实践成为公众集体监视和监督的对象。这种监视表现在对公权的监督方面。“表叔”“表房”事件的揭露，体现出网友对行政官员代表的官方的监督和审视。在公共事件发生后，公共知识分子主动参与到公共平台中，发表的意见时刻被网友监督，处于一种相对弱势的地位。在“PX 事件”中的公共知识分子在事件呈现的第一时间表达了自己的观点，不少缺乏化学专业知识的网友开始对观点进行质疑和攻击，PX 词条保卫战中不同行动者都采取和应用了不同的行动策略和话语特征，最终实现了言语行动者的网络舆论的稳定。在特定阶段，普通公众、专家学者以及媒体相互作用，网络舆论朝着理性的状态发展。

网络舆论的生成伴随着相关行动者与线上、线下活动相互呼应而形成的网络动员行为。PX 项目词条的争议和科学知识的普及推广都成为 PX 项目近 10 年来专家学者争议的焦点。公众对于该项目的恐慌和抵制，以及意见领袖对此事件的影响和引领既贯穿于线上，又蔓延到线下，成为政府与公众、媒体与公众之间的桥梁。词条之争，超出了纯粹理论层面上的争议，成为自身所附带的负面情绪和所代表的利益的体现。围绕 PX 项目事件的以政府、媒体人、意见领袖、专家学者和公众为言说主体的项目的争议，体现出公众的自我议程设置，既为传统媒体提供了新闻报道素材和焦点性事件，又凭借强大的行动，在意见领袖的意见指导下，实现公众与传统媒体报道之间的重复互动和议题的不断深化，最终对现实社会起到舆论引导的作用。网络舆论极化的形式逐渐被理性的声音所覆盖，主要议题从“剧毒”“污染”等逐渐转变成了“科学与民主”“政府责任”等公共议题。民众的讨论逐渐随着政府的协商机制的启动和意见领袖的引领开始趋于平息，不同话语行动者开始关注不同的议题，并对共同的议题展开理性的对话，逐步推进公共空间的形成。

四、公众：话语抗争中的“事件公众”和“行动公众”的出场

公众，并不是预先存在的概念群体。根据卡尔·曼海姆的说法，所谓的社会公众，是在现代传媒环境下和公共舆论中建构起来的，具有流动性、想象性的人群。在布鲁姆看来，“公众”通常分布广泛、队伍庞大。通常是围绕公共事件而形成的与行为共存亡的行为群体。其主要目标是寻求利益，实现或促使政治民主变革，它是民主政治的重要部分，建立于在一个开放的政治制度中进行理性探讨的观念之上，时常包含群体中信息较为灵通的那部分人。日常生活和媒介文本中，“公众”“公民”“民众”都可以相互取代，没有实质意义上的区分。在大众媒介时代，“公众”以“民间意见表达”“公众舆论”的形式出现。“公共舆论”被看成是“想象空间”中大众媒介话语的意见表达，民众的话语被媒介所代言，集体处于失声或被遮蔽的状态。在大众传媒时代媒介论坛中，这个群体并不能成为话语言说的主体，而成为被排挤于言说舞台下的看客，也成为政府、媒体及专家学者共同征服的对象。

互联网平台的兴起，使公众的角色和地位发生了很大的变化，从失声、被遮蔽的“看客”向有话语权、表达权的网民言说主体过渡，并逐步成为一种话语权力力量参与到权力博弈中，影响着话语权的配置，对社会话语权形成一种解构。正如雅虎中国在2010年的回顾专题中所言，中国网民这一新公民群体的崛起成为网络最大的政治效应，也更具备布鲁默所言的公众特征，通过集结行动发展为一种力量，形成团体，构成公共意见。还有人将网民看作是一种个体意见和权力表达相结合的意见终端源，一个个网民既具备个人身份也兼有集体身份。在新媒体事件中，作为利益相关者的网民和事件发生后进行意见表达的网民都作为言说的主体和围观

的主体发生着能动作用。

在这一章中,我们将公众的角色细分为两类,即作为与事件直接利益相关的"行动公众"和作为网络抗议的主体群体的"事件公众",主要探讨作为行动公众的个体和事件公众的集体在媒介事件中如何进行呈现,呈现中话语竞争与公权力如何进行博弈,才能最终达到协商的目的。

(一)"事件公众"的呈现

进入新媒体时代,新型草根阶层借助传播手段一方面通过话语权的重新配置重构了社会的权力关系,另一方面也反映了个体之间的互动关系的变化。这就易形成一种大规模的"网络效应",尤其是当事件出现关键性节点时或大众媒体由于某种原因失声的时候,公众在呈现事件、分析事件、推动事件方面都进行了有益的尝试。这也说明随着相关社会事件的不断推进,他们已经从带有情绪化的、毫无目的性的、进行围观的"事件公众"过渡到富有理性观念、带有批判意识和问题解决意识的参与型"事件公众"中来。在事件的起始阶段,普通公众由于信息的局限性、事实的不明朗化从而缺乏对利益相关者的信息的了解与判断,只对偶然获得的信息做随意性的评论,有时会出现非理性的回复。进入事件的高潮阶段,随着媒体和社会精英阶层对事件的进一步关注和真相的显露以及相关议题的不断呈现,此时大批的公众会进入公共空间参与到讨论中,这种无组织的讨论会通过与他人讨论达到妥协、合作再到意见一致,逐步理性。从起始阶段到高潮阶段,有部分参与公众会因对相关议题的关注度不高而退出舞台,持续关注的另一些公众则在媒体和其他社会精英学者的引导下进行有组织、理性的思考,进一步提出合乎理性的利益诉求,对事件背后的深层动因和权力博弈关系能够进行进一步的思考。随着事件的稳定,更多公众逐渐淡化事件,转移到其他事件中,离开该讨论空间群,而此时仍然关注该问题的公众已经能在事件的过程中逐渐理清思路、储备专业知识，会逐渐形成具有一定组织能力的公众群体并会经常有意识地参与到公众事务的讨论中来。

“事件公众”作为一种围绕事件而形成的随机的公众群体，他们因事件的形成而凝聚，随着事件的淡化而分散，表现出参与方式和关注程度以及社会影响力的不确定性。此外，“事件公众”一般没有固定的文化认同，极易受民粹主义思潮的影响发生群体极化，引起煽动性。尽管如此，特定社会议题中的“事件公众”的存在因能够在媒体、专家学者的意见交流中得到及时的观点引导，通常会呈现积极的舆论效果：当这些随机性强的参与者在特定时期内以媒体报道或专家学者为中心进行争锋时，强大的社会舆论空间会不断吸纳并接受更多的社会参与力量，由此产生的舆论影响力既是“夸大”逻辑下的合法性手段，也是以公众议程影响政策议程的有效方法。

这种以事件主体为第一人称的身份将图片、视频或极端化的标题呈现的帖子随时可见，网络爆料人作为信息来源者能够在话语竞争中取得舆论高地，作为独立主体已经能够主动发声。在消息来源的社会行动者一出场时就以“受害者”“弱者”的身份出现，引起媒体和集体公众对其的同情和关注。地方政府通常处于失语状态。这更加加剧了消息的扩散势头和事实真相朝着弱势群体一方倾斜。网络爆料人作为弱势群体一方反映的都是当前中国社会的现实中难以解决和缓和的矛盾、利益及冲突。这些冲突在网络空间中往往以“官—民”对立的模式出现，引发官民对立的仇恨情绪，极易激发群体的民粹情绪，导致非理性和谩骂充斥网络空间，从某种意义上来说，某一个个体事件为这一类事件的集体性抗议提供了泄愤的口子和发泄的平台。

“事件公众”一般出现在事件发展的起始阶段，其参与方式和表达方式在不同的社会议题中表现不同。当下的多媒体时代冲破了原来传统媒体对人们“想象空间”的管制，人们以一种平等自主的方式更积极地参与到社会事务的活动中，被动地接受既存的符号和结构的时代已经过去，一个以新媒体平台为工具，公民以争取权力为动力的互动公众参与“共同体”正在一个个事件中形成，探寻公民社会的列车正在向良性循环的轨道中前行。微信在组织茂名游行时起到了很大的作用。2013 年 3 月 30 日，一个茂名人通过发送截图表现了普通市民如何动员周围朋友参与抗议：“02 省道杭徽高速封道了，警察开始进场了，现场在干扰信号，他们电话都打不进来，大家快去支援，人越来越多了，实在走不开的快转发，微信的力量是强大的。”并在微信内容上附有 9 张图片。另一人利用微信开始在朋友圈中疯狂转发，一个叫谭元彪的群众还开始在朋友圈中动员集体抗议。“有没有在茂名的人快快去大草坪，联系我，去到的人都有 1000 元，我大佬在组织人”等信息以连锁反应在微信圈迅速传播开。微信逐步取代 QQ 成为组织动员广东茂名公众的更便捷有效的联络方式，其微信标题为“广州茂名同乡聚会行街活动”，具体内容包括：

> 一、自备事项：1. T 恤一件，然后在 T 恤上面写自己想表达的话。2. 需要在外衣上打印一些照片和外媒报道。二、注意事项：1. 全部人不要戴口罩。2. 全部人不要喊口号。3. 注意秩序不要阻碍交通。4. 尽量不要肢体冲突。5. 不要打砸公共设施。6. 记住我们只是同乡会聚合行街。

广州市民借助新媒体的动员作用，4 月 1 日举行了反 PX 游行活动。其间示威者用打出的横幅和标语以示反抗，诸如“反对茂名政府动用武力镇压百姓”“谁给的权力乱打人”等。4 月 3 日，又有 20 名茂名籍居民集结在一起表达不满情绪，接着逼近市政府。由此可见，群众的集体抗议行动是广泛利用微博、微信等新媒体作用进行动员和组织的。

(二)行动公众:利益主体参与者

行动公众是首先作为消息来源出现在各类媒介文本中的。在新闻术语中,消息来源指在新闻陈述中提及且可确认的个人、组织或实体,如文件或研究,都可看作是新闻消息的来源渠道。在网络时代,公众作为消息来源的个体日益成为一种独特的力量呈现出来,他们往往用"话语夸大事实"的逻辑将事件呈现给媒体和集体的公众,从而在公共话语中形成话语优势。正如霍尔所言,从某种程度上来说,消息来源的提供者——公众才是社会事件的第一手建构者。甘斯遵从霍尔的看法,进一步将消息来源当成是社会行动公众,将社会行动者看作消息来源来分析问题,给我们提供了分析问题的思路:话语夸大事实的逻辑呈现出了社会行动公众在事件中的作用和与公权力进行博弈的过程。

利益主体参与者指与事件的利益表达有直接关联的个人或群体,通常指事件最初的爆料人或组织,也是最直接利益诉求表达者。在事件的持续期和协商期,只有少数的利益相关者在取得短期的利益补偿后可能会离开行动者的行列,但其利益诉求和使命开始转移到媒体、专家学者和社会组织等组织性更强、社会资源占有更高的参与主体中。

这些发起事件的利益相关者,大多数是具有一定社会资本和地位的人,他们容易集结自身的资本形成一股强大的力量,与媒体合力制造公共事件,通过线下、线上的动员对舆论形成压力;同时,也拥有了与体制内政策制定者直接协商和博弈的社会资本,得以自上而下地实现利益表达和愿望诉求。

(三)话语抗争与公权力的博弈

进入互联网时代,公众表达民意的场所逐渐向网络迈进。以往民间的讽刺段子、顺口溜等逐步取代图像化、视听化的新的网络形式。当"公众"取代"网民"时,"网络草根文化""山寨文化"随即大放异彩。从“躲猫猫”“打酱油”到“草泥马”网络民间话语以恶搞、讽刺形式对官方话语进行解构，形成一套新的对抗性的话语体系。公众成为网络抗争的话语主体构建者。在公共事件中，他们呈现出与专家学者、媒介、政府等各方不同的话语策略和抗议方式，根据自己的理解对事件进行解码、加工和表达。我们需要去重新理解话语权力结构下的网民话语力量，通过对社会群体维权事件的分析，我们发现，草根们运用了各种话语策略来与主流话语抗衡，进行解构和颠覆，其策略的形式都有很高的相似度，表现在以下几个方面：

1. “话语夸大事实”逻辑的呈现

随着社会权力结构的不断调整和公民权利意识的不断觉醒，社会各利益群体逐步从“赋权”迈向“争权”的阶段。民众借助媒体运用夸大化的策略来引起各方关注，形成对政府的压力，推进政府和官员对事件的解决，形成“闹大”的发生逻辑。“闹大”现象是指一些引起社会公众、新闻媒体、政府和社会组织等广泛关注的事件，往往借助激烈的行为运用网络、媒体等平台把矛盾公开化，以期引起更大的社会关注，或者将小问题演变为“闹大”事件，最终引起政府的关注来达到解决问题的目的。“闹大”的关键是：要造成巨大的社会影响力和舆论压力，进而给政府施加压力来解决问题。“闹大”是用话语来夸大事实的策略，是“抗争政治”的极端表现形式。“闹大”事件以上访、网络发帖、打横幅、发视频、发图片、罢工游行等为主要表现形式。“闹大”的当事人或集体事件的组织者和参与者都是一些权力受损的弱势群体或底层民众。

现阶段各类事件群发，凡是涉及最底层民众的利益诉求，民众都会成为“闹大”现象中的最直接利益相关者，成为公共议题和公共讨论的出发点。作为当事人或组织，在事件发展的酝酿期和爆发期都起着核心的作用。这些事件的参与者大多是失业工人、失地农民以及面临拆迁的普通职工和环境污染中的受害者，他们的利益表达和诉求，成为反映社会底层问题的核心力量，只有这些群体的参与才能使新闻媒体的介入和政府的追责变成可能与必要。

近年来发生的群体事件中，不同的利益相关者依据各自的社会地位、社会资源占有的不同，采取了不同的“闹大”策略。其中茂名 PX 项目，市民集体打横幅游行，向政府施加压力，“茂名 PX 事件”中茂名村民通过集体散步等形式抗争体制内的不公平现象，具备较强的“造势”和“问题化”的能力。这些群体事件都呈现出一个共同的规律：呈现不满—寻求解决—基层反应—事态闹大、升级爆发—基层控制无力—政府出面协商—事态平息。从个体行动（集体行动）到媒体介入再到政府介入，事件才能得到处理。正是按照这样的演变逻辑的动态发展，事件才会呈现出“闹大”的趋势。政府的不作为和面对问题的逃避是引发“闹大”的重要根源。公民作为社会问题的反映者和亲身体验者，要求政府作为权力掌控者必须提出解决问题的方法和思路。“闹大”实质是一个公民与政府之间博弈的问题，博弈的最终结果取决于行动者占有资源的多寡。

2. 抗争逻辑下与公权力的博弈

随着新媒体技术的不断普及和制度的逐步完备，“茂名 PX 项目”等一系列非常态集体行动都在逐步朝着理性的方向迈进。社会各利益的群体愿望表达和诉求正在由经济利益诉求向公民权利诉求扩展，由滞后性、孤立性、对抗性的“事后维权”向多元利益平等协商的“公民充权”转变。

在当下的公众参与格局中，任何一种参与主体都根据拥有的权力、资源的多少渗透到互动关系网络中，或主动或被动地在事件的发生、发展过程中进行着博弈。从横向和纵向的公众参与形态看，不同的社会议题围绕不同的事件都呈现出不断向纵深发展的现象。利益行动主体按照“话语夸大事实”的策略开启事件的舆论争端，随着媒体、学者、社会公众和政府的不断介入，拥有不同社会权力、社会资源的各方力量围绕这一事件进行相互的碰撞与博弈，利益诉求在博弈中实现议题公开化和明朗化。各类参与主体在事件呈现的各个节点上都表现出不同的利益关系格局，表现出的冲突、合作和博弈的方式随着事件的不断推进而演绎，相关参与主体的表达方式、行动策略和社会影响力呈现出阶段性的变化。各参与主体之间的博弈的格局多围绕权力、利益等展开，并在事件发展的起始就显露出来，成为主流形态。如利益相关行动者和政府之间的抗衡，媒体新闻报道自由和政府管制之间的对抗，媒体人与学者等专业人士与利益相关行动者的诉求分歧等，其中最终的冲突的焦点是政府。

从纵向的公众参与来看，都在向维权的阶段转变。茂名 PX 事件中，公民集体散步制止 PX 项目的选址扩散成炼油项目的取缔这一群体事件，是环境群体事件反映官民由对抗向协商的重大进步。不同参与主体间的冲突关系多围绕权力、利益等展开，其成为事件发展初期的互动格局中的主要形态。维持期是多元参与主体间开启合作与协商对话的典型阶段，在此期间，利益主体因政府的及时回应及解决问题的态度关系出现缓和。媒体因与利益相关行动者的合作维持“事件”的持续关注，为各个参与主体提供合法性认同资源，同时也与政府实行一定程度的合作争取更大的话语空间，还和相关领域的专家、学者与政府部门达成协议、共识，共同努力实行制度化改革，普通公众改变了以前的不理智，开始尝试与政府部门和精英达成沟通合作关系。这种理性合作关系的建立依赖于政府公权力的下放和亲民姿态，从而实现了个体参与之间由隔膜、对抗到对话、协商的转变。

第三章　网络舆论场域博弈的外部动因

网络舆论的中国语境体现着一种与“主导文化”相匹配的网络话语空间，在这个话语空间中，政府、管理者和网民在意志渗透、观念传送、利益诉求、意见表达、情绪宣泄等过程中的权力博弈和对抗，妥协和让步，以及达成共识的过程，无不体现着一种与事件主体相匹配的中国语境下的网络舆论特点。对这个过程的分析有助于我们辨清方向，减少博弈资本，有利于政府和网民以一种理性的姿态享受到网络革命带来的恩赐。当民众开始享受和欢呼民主时代的到来时，随着人们对网络进行的层层分析，却了解到网络舆论背后隐藏着各种羁绊势力，不仅有涉及国内外反华势力对舆论的渗透与控制，更有以市场为导向的舆论炒作，“王老吉营销案”“贾君鹏事件”及康师傅“水源门”等一系列鲜活案例逐渐被揭开面纱，网络舆论的公正性、公开性遭到质疑，但网络舆论与构建中国公共领域的前景广阔也任重道远。综合来看，中国网络舆论场呈现出复杂特征。正如市场经济背后隐藏着一种无形的力量在牵绊一样，中国各种媒介事件后的网络公共意见背后也有一种无意识的力量，即中国社会转型所带来的政治、经济、文化现象。从布尔迪厄的场域理论来讲，社会场域是由占有不同资本的各个互相制约的社会场域构成。其中社会的政治场、经济场、文化场因为其占有的资源的量充足而成为社会场中的元场，其他场无不受到这一元场的制约和影响。从网络舆论事件的发生来看，新媒介场域中的议题信息源、网众和议程构建成为网络舆论生成的内部发生因素，沿此脉络，我们也可寻到社会场中的政治、经济、文化等元场作用的影子。当代中国正处于社会转型的关键时期，多种网络事件频发正是对转型期间社会不平衡状态的集中体现。

社会转型成为中国政治、经济、文化不断变迁的核心要素。中国近现代社会转型经历了几个阶段，本书讨论的是改革开放以来经济开放所带来的社会变化。这次社会转型，是中国从一个计划经济社会向市场经济社会转型的改革阵痛期，正是改革阵痛期中的各种矛盾利益问题凸显，明确了中国网络舆论兴旺的深层原因。

改革开放以前的中国社会是一个政治、经济、文化高度集中的社会，社会结构整齐划一；改革开放后，政治、经济、文化划一的管理模式开始转变。政治上，民主法治进程不断加速；经济上，中国经济由计划经济向市场经济转型；文化上，多种文化并存，人们的价值观念呈现多样化发展态势。从 1978 年至今，中国社会转型正处于不断分化组合的阵痛期，由此造成的社会矛盾和利益纠葛层出不穷，社会本身的体制的不完善和不断遭受到的信任危机，成为各种事件频发的深层根源。与此同时，网络舆论成为话语抗争的集体表现。在西方，抗争显得较为普遍，抗争形式涉及工会交涉、游行示威等合法性行为，而中国特有的体制和制度，使长期积于民众间的怨恨和不公得不到合理的宣泄和排放，网络媒体的出现，使网络民意有了表达不满的平台，从某种程度上来说如果疏于管理，极易造成网络暴力的盛行。在中国，从传达舆情民意的过程来看，网络舆论起到“传声机”和“发声筒”的作用。

一、网络舆论背后的政治动因

如果把网络舆论归入民主政治的范畴的话，那么“制度”在宽泛的意义上意指“一个社会的博弈规则”。[1] 从这个角度来看，我们看到的是一个阵痛期和涅槃期交错的场景。即网民和政府都愿

① [美]罗伯特·帕特南：《使民主运转起来》，王列译，江西人民出版社 2001 年版，第 211 页。

意充分利用网络的平台实现民主意愿的表达，但由于博弈规则的缺乏和制度的不完善，其间必定充满着新与旧、封闭与开放等网络传播变革带来的观念、认知的洗礼和考验。罗伦斯·莱斯格认为，软件代码是对网络空间进行控制的基础，网络控制的框架以代码作为基础。代码分为开放与封闭两种。在这两种代码中，开放代码比封闭代码更难控制。因此，网络是否能够控制以及能否被管制，取决于代码的形式。因为代码形式的建构是由人决定的，所以建构什么样的代码以及如何控制网络，最终的权力当数隐藏于代码后面的权力者，即政府。[①] 莱斯格预测网络将一步一步被管控，这在世界各地已经基本成为事实，在中国更是如此。

在网络日益对公众进行控制之时，也是网络事件频发的阶段。在中国，网络媒介事件应特定议题的政治机会而生。第一，那些在政治上容易被容忍且容易引发公众共鸣的议题，更有可能成为公众领域关注的焦点，成为网络媒介事件。第二，虽然国家权力在某种程度上监管了网络事件行为，但网络上活跃分子能够创造性地规避这种管控。他们不但能合法地游走在国家控制的边界，而且能规避这种权力，灵活运用网络，巧妙地借助各种手段进行行动。国家政治权力能塑造网络事件，但不能杜绝网络事件的发生。第三，国家政治权力在控制网络事件行为时，也对网络事件进行回应并及时调整政策以应对事件。社会与国家之间在相当程度上互为影响互为制约，这导致了权力与行动在互动中会及时调整变化。网络管控与网络行动之间的关系是在不断互动中进行适应的。在网络事件行为变得日益信息化之时，政治力量也越来越呈现出葛兰西的霸权的特征。国家权力在对网络事件行为进行监管的过程中，不断对政策进行调整，以衍生新的权力，对网络实现更好的控制。网络事件行为和网络监管一直在互动的演进过程中，这为我

---

① Lessig, Lawrence: *Control and Other Laws of Cyberspace*, Basic Books Press, 2006, p23.

们理解网络舆论背后的政治动因提供了很好的解答。

经典社会理论将国家界定为垄断合法使用暴力以维持统治秩序的强制性政治组织，[①]当代理论家也将信息的管控力量归结为国家的权力的实施。吉登斯在分析现代民族国家崛起时认为，国家是垄断分配性资源和权威性资源的政治管控机构。权威性资源在当下社会即是控制信息的资源。因此，国家权力的产生包括了“规范化地收集、储存和运用信息以服务于政治目标”[②]的活动。从这个意义来说，国家对社会的控制实际上是对信息的控制。布尔迪厄将国家的权威性资本称作信息资本，他不仅仅将国家看作是暴力机构的实施者，而且认为国家是文化与符号暴力的控制机构。国家对文化所涉及的思想、影像等符号形式的生产、传播等进行管制。他列举的国家控制信息的形式，还包括对信息进行审查、统计、审核等。媒体作为最重要的信息的来源体，在中国历史上，国家一直对媒体予以严格的审查和管制。人们能够不断突破技术，站在合法性的边界对管控进行规避，不断创建替代性媒体对公权力进行抵制。在“文革”期间，很多“小报”传单和大字报曾规避控制盛行一时。这些报刊通常发行一些批判性的内容，有些甚至表达了潜在的异端思想倾向。[③]

目前，全世界的网际网络单是新闻讨论群便数以万计，讨论主题包罗万象。随着使用者的大量增加，网络虚拟社群如同线下真实群体，他们在线上分享信息、语言、符号等文化规范。比如艾滋病虚拟社团的成立，构成了属于他们自己的特殊的病人群体，这个

① Max Weber: *Economy and Society*, University of California Press, 2008, p54.

② Giddens: *The Nation-state and violence*, University of California Press, 1995, p178.

③ 宋永毅、孙大进：《“文化大革命”和它的异端思想》，香港田园书屋1997年版，第123页。

社团对参团人进行严格的五人审查制度，只有通过五人商议，对参团人的身份、职业进行严格审核方能进入社团进行讨论，无意间形成了自己对外界的抵制模式。诸如此类新型替代性媒体的出现，有利于提供时代中的弱势群体与主流社会更为规避式的互动，促进权利关系的重构。替代性媒体作为一种与大众媒体的霸权心态相比的“小众媒体”，虽违反主流力量，但不失为吐露心声表达怨气的最好处所。

由此可见，虽然国家极力控制媒体，但人们可以借助网络媒体创造“小众媒体”去颠覆管控。这一基本的抵制模式在互联网时代更体现出丰富多彩的发展活力。国家权力的管控与反抗的形式的演变是共同演绎的结果的呈现。因此，需要我们对网络时代国家权力管控的演变做一回溯。

（一）国家权力对网络监管的演变

网络控制的制度和管控的举措建构成网络控制体制。网络不是固定不变的，而是变动的多面镜，网络管控体制也必然随着它的变动而变化。网络舆论事件层出不穷，对国家体制存在威胁，国家则相应地及时调整并整改管控的政策与方案。我国的网络体制管控经历了从制定法则到加强管控，再过渡到治理这3个阶段。

首先，是从1994年开始到1999年的政策制定阶段。制定的第一个政策条例即是《计算机信息系统安全保护条例》。[①] 条例中规定公安部为主要负责网络管理的机构，1994年2月18日生效。1997年12月又发布了《计算机信息网络国际联网安全保护管理办法》，其中提出了更细化的管理规制，列出了禁止在网上传播的信息，将涉及违反宪法的信息也纳入了法律中，法律手段开始介入管控的渠道。在机构调整方面，主要由邮电部和电子工业部进行

① 参见：http://www.cnnic.net.cn。

合并成立信息产业部。在新成立的部门机构下，对信息工业实行了新的管理制度。

其次，从2000～2002年期间，网络控制得到进一步加强和完备。这一阶段对网络内容提供商和信息内容生产者加强了管控。接着出台了加强对内容管控的文件。比如，2000年10月，信息工业部颁布了专门针对BBS的规定，加强办理经营许可证，实施对BBS的控制。2000年11月7日，国务院发布了有关互联网新闻发布的规定，允许官方新闻在其官方网站发布，但被官方许可的商业网站只允许发布官方新闻渠道的消息。① 对内容的管制包括从后台运用技术手段对内容关键词搜索进行干预和设定，对某些涉及国家利益的搜索词进行屏蔽和过滤，主要通过代码来进行。政府部门可以在后台进行技术追踪发帖人，这表明了国家权力对网络控制的进一步加强和渗透。理查德·克劳斯在讨论文学审查中提示，审查的对象是表达的形式而不是内容，“总是明确规定公开讨论的问题的形式，它不会告诉你什么不可以说，但设定了相关标准告诉你应该怎样表达你想表达的”②。网络的过滤和屏蔽手段标志着审查开始进一步渗透到对内容和形式双重管制阶段。网络技术的发展，即给网民提供了更多的自由和机会，也给国家对内容和形式的管制提供了支持。审查制度的实施，进一步说明了权力的作用，权力通过代码发生作用，代码依靠人来设计和操纵。对关键词进行过滤本身就是控制网络公司的一种制度。

最后，从2003年开始，网络开始由控制发展到规制和治理阶段。如果说规制包括制度规则和国家管理实践，那么规管则包括正式与非正式的制度和规则，以及国家和非国家行动者的实践；治理则表示“规管模式产生的文化与社会情境以及这些模式得以持

---

① 参见：http://www，cnnic. net/html/Dir/1997/12/11/0650. htm.

② Richard Curt Kraus：*The Party and the Arty in China*，Rowman & Littlefield Publishers，Inc，2008，p116.

续的条件”[①]。根据2004年召开的中国共产党第十六次人民代表大会第四次会议的指导思想，决定对网络控制实行新的准则，即“高度重视互联网等新型传媒对社会舆论的影响，加快建立法律规范、行政监管、行业自律、技术保障相结合的管理体制，加强互联网宣传队伍建设，形成网上正面舆论的强势”[②]。这一框架包括以下几个方面：制度建设、法律监管、道德约束、技术手段、话语内容。这既是对网络的一个管制，也是对社会的一个全民的管控。

在网络控制方面，该指导框架集中体现在下列几个举措中。首先，中国政府继续加强对网络内容提供商的监管。例如2003年5月，文化部对影像制品在内的传播产品进行了规定。2005年9月25日，新的新闻服务规定出台，取代了5年前的“临时规定”。新规定增加了禁止传播信息的种类，“煽动非法集会、结社、游行、示威、聚众扰乱社会秩序”的信息和“以非法民间组织名义活动的”信息成为新增的禁止传播内容。[③] 显然，这条规定的出台表明了国家管制开始向网络行动渗透。

其次，官方开展了对企业进行社会职责提升、行为伦理规范的治理活动。2004年，官方主办的《网络传播》杂志创刊号上，刊登了有关提升网络媒体社会职责的报道。

接着，中国互联网协会创办了相关的网站，也鼓励公民拒绝“违法与不良信息”，开创了官方动员公民对网络信息进行监督的新纪元。

再次，政府开始重视网络正面舆论的形成。一方面，政府努力加强对地方新闻组织的影响。新闻机构可以报道自己的新闻、转

---

① C. Braman：*The Emergent Global Information Policy Regime*，Palgrave Macmillan，2006，p13.

② 参见：《中共中央关于加强党的执政能力建设的决定》，http://www.people.com.cn/GB/42410/42764/3097243.

③ 参见：http://www.cnnic.net.cn.

载和发布 BBS 上提供的信息。这成为国家将网络纳入大众媒体规制的新举措。国家将网络媒体化，这样就将对媒体的控制扩展到网络控制。另一方面，政府在 2004 年引入“网络评论员”新机制，以引导和影响网络公共舆论。网络评论员由志愿者或带薪员工构成，他们通过回帖和参与辩论来引导舆论朝正面方向发展。这些舆论方向的引导则是在政府宣传部门的原则下进行的。据说，这些网络评论员因在论坛上发布信息获取五毛钱的薪酬而以“五毛党”著称。2014 年 4 月启动“净网行动”，①网络治理在纵度、广度、深度、力度上得到加强。对门户网站、网络文学、视频、游戏、电子商务、移动通信工具等纵深领域进一步涉猎，净化网络舆论环境。

最后，网络空间法制化得到加强。

2014 年成为互联网法制化的管理之年。当时，互联网技术和各种应用技术法制以及现行的管理体制已经不能适应变化的形式，暴露出许多问题，主要集中体现在“多头管理、职能交叉、权责不一、效率不高”方面。2014 年，中央网络安全和信息化领导小组从互联网管理的顶层设计层面理顺了体制机制，这将有效改善现有管理机制的漏洞，与此同时，各种国家法规相继出台。2014 年 8 月 28 日，国务院下发了《国务院关于授权国家互联网信息办公室负责互联网信息内容管理工作的通知》。将全国互联网信息内容管理直接授权给国家互联网信息办公室，并把对互联网的监管权力直接下放，使权力主体更加明确，能更快捷方便地对网络中出现的问题进行回应。网络“人肉搜索”一直是极富争议的行为，最高院发布《最高人民法院关于审理利用信息网络侵害人身权益民事

---

① 为依法严厉打击利用互联网制作传播淫秽色情信息行为，全国“扫黄打非”工作小组办公室、国家互联网信息办公室、工业和信息化部、公安部决定，自 2014 年 4 月中旬至 11 月，在全国范围内统一开展打击网上淫秽色情信息“扫黄打非净网 2014”专项行动。

纠纷案件适用法律若干问题的规定》,对"人肉搜索"曝光个人隐私的行为给予了明确的约束,同时也明确说明了如果涉及某些公共利益行为将对其进行免责。

2014 年网络治理行动力度得到进一步加大。多部门联合开展"扫黄打非·净网 2014"专项行动,一批违法网站被查处,其中新浪网因传播污秽色情信息被吊销了互联网出版许可证和信息网络传播视听节目许可证。依法查处污秽色情网站 110 家,关闭相关频道、栏目 250 个,关闭微博客、博客、微信、论坛等各类账号 3300 多个,关停广告链接 7000 多个,删除涉黄信息 20 余万条。①

(二)管制的社会动因

互联网的"去中心化"的技术特点使国家对信息控制的监管变得更加艰难,萨维尼指出:"互联网代表了一种对于传统媒体议程设置能力的抵消力量,也削弱了国家权力、政治党派、传统媒体维护现状的能力。"②因此,互联网从某种程度上说推动了民主的进程,而且在中国语境下更应得到强调,因为与广播、电视、报纸相比,网络受到的束缚要宽松很多。在其他媒介受限的情况下,网络这个渠道的不可替代性就表现得越来越突出。如在"最牛钉子户事件""厦门 PX 事件""黑砖窑事件"等重大公共议题中,网络都发挥了重大的议题动员作用。陶东风先生这样评价网络事件"网上首次披露—社会反响强烈—其他媒体跟进—政府出面干预,这成

---

① 新华网:《国信办开展"扫黄打非·净网 2014 年"专项行动,依法查处污秽色情网站 110 家》,http://news.xinhuanet.com/politics/2014-04/20c_1110319679.htm。

② J. B. Thompson:*Social Theory, Mass Communication and Public Life in the Polity Reader in Cultural Theory*, Cambridge, UK: Polity Press,1994, p67.

了近几年来中国民间维权的最常见的模式”①。正是网络日益强大的舆论作用引起了政府的高度重视。网络的普及把中国的政治发展带入了一个全新的发展时期，同时，也给国家的政治稳定带来了前所未有的冲击和挑战。网络媒体的多向传播、难控制、流动性等特点，使网络舆论成为反映社会现实的一个多面镜，其中政治表现尤为明显，主要涉及政治意识形态、政府代言人等。

首先是政治意识形态的影响。

在谈及网络舆论的政治背景时，首要提到的是政治意识形态，因为它是政治制度的最根本体现。劳伦斯·迈耶等人认为，政治系统是“那些通过公认的权威来决定由谁以及在多大程度上获得人民所珍视之物的结构和过程”②。这里的“公认的权威”即为政治意识形态，它是“系统地、自觉地、直接地反映社会政治现象的思想体系”。因此，具有鲜明的阶级性，是“统治者力图通过本阶级的政治意识形态将其政治影响力转换为人们心理上的政治权威，并且使它成为公共舆论中衡量人们政治行为的价值标准和尺度，从而使它在社会的实践政治活动中，持久地起着政治强制手段所不能起到的作用”③。

政治意识形态对社会的影响与规范是隐形的、充满柔性的，以文化教化、媒介传播的形式进行内化式渗透，从而完成政治意识形态的社会化过程。改革开放以后，我国遵从马克思的一元指导思想的行为准则，但又体现出有中国特色的方针政策，其在对网络领域的控制方面尤为明显。乐媛，杨伯溆等通过对强国、猫眼等两大

---

① 陶东风：《网络交往与新公共性的建构》，《文艺研究》，2009 年第 1 期。

② [美]劳伦斯·迈耶等：《比较政治学——变化世界中的国家和理论》，罗飞等译，华夏出版社 2001 年版，第 12 页。

③ 参见互动百科：《政治意识形态》，http://www.hudongcom/wikl/%E6%94%BF%E6%BZ%BB%E6%84%SF%ES%AF%86%ES%BD%AZ%E6%80%81。

BBS论坛的抽样分析，认为中国网民具有完全不同的意识形态派别划分，如有小左与右愤的差别，还有五毛党等。中国网络舆论事件的频发现象，都可以从中国政治意识形态的变化中略窥一斑。

新中国成立后到改革开放之前的很长一段时间，我国的政治意识形态都处在极左位置，将阶级斗争看作国家主要的政治斗争的目标，造成了与实际相脱离的趋向。尤其是“文化大革命”期间，对中国传统优秀文化进行摒弃，以阶级斗争为纲，对一切西方的思想和文化进行排斥，对许多有价值的、有益于社会主义借鉴的东西都加以批判，用政治实用的态度批判历史人物。同时，在政治意识形态的社会化过程中，采取自上而下的统一、压制的灌输方式，借助“封、管、堵、压”等办法统一思想，使国家政治意识形态迷失在前进的洪流中，失去了指导社会实践的能力。

改革开放以后，国家的工作重心开始恢复到经济建设中来。政治意识形态也做出了相应的调整。首先，共产党对意识形态做了创造性的阐释与发挥，形成了在中国语境下的话语体系，既保持了对原有意识形态的继承，又保证了党在新时期形势下执政的合法性，同时又实现了新时期政治、路线、方针的时代性。随着改革开放的不断深入，中国政治意识形态不断进行调整，将社会各阶层的利益和政治诉求纳入国家的方针、政策中来，并创造性地提出了“三个代表”和“科学发展观”，成为现阶段指导社会发展的明灯。

然而，中国在新时期的政治意识形态尽管取得了很大的成就，但由于正处在社会转型的复杂时期，故也给改革带来了前所未有的挑战。具体表现为：随着经济的发展，物质利益成为人们追求的目标，精神生活中过分注重当下的享受与狂欢，对社会问题不能及时地解决而产生怨恨心理和仇恨情绪，从而形成与政府间的信任危机。当前网络舆论事件的频发正是对社会问题的如实反映。

社会转型与世界经济的深度融入，使西方意识形态对中国民众逐渐进行渗透和影响，主要有新自由主义和新保守主义两大思潮的影响。新自由主义思潮强调用和谐竞争代替自由竞争，并把自由作为民主实现的前提条件。新保守主义则强调政府的权力必须分散，提倡在机会均等的基础上发展自由，并认为当前民主过剩，应实行适度的民主。

受西方意识形态的影响，中国的政治意识派别也分作自由主义、新左派以及传统意识形态延续下来的权威主义。新左派以及传统意识形态延续下来的权威主义伴随自由主义经济学在中国的发展，中国自由主义意识形态也取得了一定市场。中国的自由主义强调个人的权力和自由，强调市场经济与法制作用，并赞成对政府权力的监督与制衡。近期许多网络事件，虽说与政府的权力滥用有关，但同这种思潮的泛起不无关系。如“陕西表哥杨达才事件”中，当新华社记者发出陕西重大交通事故中交通局长在事故现场面带微笑被拍的照片时，细心的网友对其进行人肉搜索，结果搜到其佩戴多块各种豪华品牌的名表，继而引起网络舆论的大讨论。普通的网民也开始投入对政府官员的监督热潮中，说明新的社会意识形态已经起到了潜移默化的效果。还有 2009 年的“绿坝事件”，工信部安装绿坝软件的政策一经发出，即遭到网民的反对和质疑。近年来屡屡发生的“PX 事件”都是网民通过自发行为抵制地方政策的很好例子，从某种方面来看，网民对政府的监督行为越来越多，也在发挥着越来越重要的作用。这也成为自由主义意识形态影响下政府官员接受监督的根源所在。

传统意识形态下的人治、特权以及权威保守观念，在我国部分民众身上尤其是一些官员在对待问题时的潜意识态度上比较明显。对一个处于转型期的国家来说，一个高效廉洁的政党领导尤为关键，但是我国部分官员在意识形态转型上明显落后于社会转型，改革开放前传统政治意识形态中不好的东西在他们身上遗留较多，这严重损害了中国共产党的形象与权威。如 2009 年郑州规划局副局长质问中央台记者“你是准备替党说话，还是准备替老百姓说话”，南京江宁区房产管理局原局长周久耕替房产商说话事件等。这些事件的发生绝非偶然，而是传统意识形态下权威主义在官员身上作祟的表现，否则，不会在网络舆论强烈关注彭水诗案后，还接二连三发生警察进京抓记者、跨省追捕、跨地追捕等事件。

其次是民主法治的实施。

中国改革开放以来民众的民主意识逐步增强，成为网络舆论事件频频发生的另一重要因素。

改革开放以后，我国的民主法治建设逐步步入正轨。时任国家领导人江泽民主席就曾再三强调：“依法治国，就是广大人民群众在党的领导下，按照宪法和法律规定，通过各种途径和形式管理国家事务，管理经济文化事务，管理社会事务，保证国家各项工作都依法进行，逐步实现社会主义民主的制度化、法律化，使这种制度和法律不因领导人的改变而改变，不因领导人看法和注意力的改变而改变。”①胡锦涛在纪念党的十一届三中全会召开 30 周年大会上也提出：“把人民拥护不拥护、赞成不赞成、高兴不高兴、答应不答应作为制定各项方针政策的出发点和落脚点”，要“问政于民、问需于民、问计于民”。

改革开放 40 年来，民主法治观念得到逐步增强，民主法治建设得到发展，这种状况在网络舆论上得到充分展示。如 2003 年的孙志刚事件促成了国务院对《城市流浪人员乞讨收容遣送办法》的废止；2007 年的厦门 PX 事件；重庆最牛钉子户事件；2008 年，上海反对磁悬浮工程事件；2009 年，28 岁的河南农民工在企业拒绝为其提供职业病防治所做出的“肺结核”诊断证明的情况下，以“开胸验肺”手术对自己进行证明，引起了社会广泛关注，此事件引发了职业病相关制度的出台，卫生部发布了新版的《尘肺病诊断标准》并于当年实施。这一系列网络事件引发的网络舆论关注，都是

① 《江泽民论有中国特色社会主义(专题摘编)》，中央文献出版社 2002 年版，第 326—327 页。

民众维权意识增强的结果。这也正是新形势下，民主法治不断发展的成果的体现。

政治场作为元场对媒介的制衡作用，在我国体现得尤其充分。我国民主法治的进步也表现在党和国家对传媒政策的改变上。新中国成立后很长一段时间，我国为防范国内外剥削阶级的侵蚀，确立起了党对传播系统的一元领导地位。这种一元封闭传播系统，是一种单向沟通，极易造成传播的严重失衡，具体表现为上情下达迅速有效，而下情上传却极为闭塞，民意表达成为空谈。

改革开放前，大众媒介作为党的“喉舌”，主要功能是作为党和国家的舆论工具。在媒介为政治精英所掌握的情况下，其展现的是精英的话语霸权，而民众所能做的只是对上级决策的正面回应。

改革开放后，随着民主法治的进步，媒介自身的传播规律逐渐受到国家重视，媒介监督政府、监察社会、信息传播、娱乐教育等功能一一得到承认，加上网络媒体的异军突起，为舆情民意的表达打开了一片新的天地。2008 年 5 月 1 日，中国开始正式施行《政府信息公开条例》，2009 年，温家宝在“两会”报告上，公开宣称要创造条件让人民监督政府等，都是民主法治进步和政治控制松动的体现。传播系统的开放，让网络媒体的作用凸显。网络媒体作为新兴媒介场，虽然仍受社会元场制约，但毕竟为民众提供了相对自由的言论空间。网络媒体的开放性也部分消解了传统政治精英的话语霸权，从而带动传统媒体信息把关的松动，最终形成传统媒介与网络媒介之间舆论互动与对流的局面。我们在对 1998 到 2009 年重大网络舆论案例考察中，就发现 48%的网络舆论事件首先是由传统媒体报道的，而由传统媒体同网络媒体互动共同产生舆论作用的案例占到 50%。

从以上分析可以看出，在网络舆论的蓬勃兴起过程中，网络场的作用固然重要，但更重要的则是民主法治的进步和人民维权意识的觉醒。

二、网络舆论背后的经济影响

网络舆论的发展和形成归根结底在于技术的发展和政策的促进作用。技术成为必要的客观条件和第一要素，政策则成为技术革新的导火索和助燃剂。因此，在谈论网络舆论时，它所发生的条件成为我们要关注的因素之一。技术是硬条件，政策是软环境，两者的结合是中国网络舆论得以生存和形成的源泉。

自 1978 年中国实行改革开放以来，经济体制的改革最终促成了各个阶层之间利益分配的变化和调整，利益上的分配不对等逐渐带来了社会阶层的迅速分化。据陆学艺主编的《当代中国社会阶层研究报告》，他在书中将我国当代的社会阶层分为 10 类。即管理类阶层的国家与社会管理阶层、经理人员阶层、私营主阶层、技术人员阶层、办事人员阶层、个体商户阶层、商业服务员阶层、产业工人阶层、农业劳动者阶层、城乡无业失业半失业阶层。[①] 根据阶层所拥有的经济利益的分化，其相对应的社会利益阶层开始出现不平衡的趋势。

经济改革可以带来社会成员之间利益的分化，福利经济学家卡尔多认为会带来 3 种可能的分化：其一，改革能够给社会中所有的成员带来福利，且福利都在不断提升；其二，改革给部分成员带来福利，那么没有带来福利的另一部分成员的利益受到损害；其三，改革最终没能给社会成员的福利带来好处。我国实行的经济体制改革主要表现为卡尔多所说的前两种情况，即从改革开放初期到 20 世纪 90 年代初，经济体制改革给社会带来了前所未有的经济繁荣景象和各种利益成果。20 世纪 90 年代至今，由于各阶层之间利益分化的不均，一部分先富起来的人的利益超过另

---

① 陆学艺主编：《当代中国社会阶层研究报告》，社会科学文献出版社 2002 年版，第 9 页。

一部分人，产生了利益的不可调和的矛盾。具体表现为：不同所有制企业之间的矛盾，同一体质内不同阶层之间和利益群体之间的矛盾，地区间发展不均导致的矛盾，中央与地方之间的矛盾，粗放型经济生产方式引发的环境问题、生产问题等都成为矛盾的具体反映。

不同阶层的出现、利益的分化以及经济发展过程中产生的矛盾导致了中国的利益阶层的分类：高收入阶层，他们大多是新富阶层，是经济改革中的最大受益者；普通收益阶层，这些阶层构成成分复杂，有工人、农民、知识分子等；相对高收入阶层，这个阶层自改革开放以来也享受到了经济发展成果，只不过利益增长不如其他阶层明显，因此有一种压力感，低收入阶层，此阶层大部分人生活在绝对贫困线以下，主要为一些偏远山区的贫苦农民。[①] 从近几年发生的网络舆论事件来看，网络舆论产生的主要原因是他们处于阶层分化的最底层的低收价层，占有社会群体中的绝大多数，由于分配不公，物质资源占有贫乏，社会资本处于明显劣势，因此在网络上集体处于失声的地位。而随着网络技术的应用，网民逐渐开始借助网络进行发声，网络成为表达民意最便捷渠道。

(一)经济增长方式转变的影响

粗放型经济增长方式是一种在生产要素质量、结构、使用效率和技术水平不变的情况下，依靠生产要素的大量投入和扩张实现的经济增长模式。这种经济增长方式的实质是以数量的增长速度为核心。这种方式实现的经济增长，消耗较高，成本较高，产品质量难以提高，经济效益较低。[②] 从世界范畴来看，绝大多数工业化

---

① 孙立平：《转型与断裂——改革以来中国社会结构的变迁》，清华大学出版社 2004 年版，第 42—43 页。

② 参见：《粗放型经济增长方式》，http://baike.baidu.com/view/1301492.htm? fr=alao_1_1。

的发展都是在粗放型增长方式下实现的，高投入、高消耗、追求增长与规模成为经济发展的特征。我国自实施改革开放的大举措以来，以粗放型为特征的经济增长方式还没有得到及时的转变，由此引发的环境问题成为当下影响民众生活的重要问题之一。

中国粗放型经济增长方式的转变比较缓慢，这与中国特殊的国情和背后深层的复杂的利益纠葛是密切相关的。从中国国情来看，地域发展不均衡，沿海一带的城市经济发展受中央政策支持的力度比较大，发展速度较快。相对而言，内陆地区则发展比较缓慢，在由粗放型经济增长方式向集约型经济增长方式转变的过程中还有相当长的一段距离。现在中国环境问题日益严重，人们已经在承担着经济增长带来的环境恶化的后果，公民的维权意识开始增强。东部地区的粗放型经济增长方式逐步向中西部地区转移，由于当地政府最大限度利用不可流动的要素（降低价格）去吸纳可流动要素，从而引发区域间的利益冲突以及民众与政府间的冲突，并引发网络舆论的广泛关注。如“厦门 PX 事件”“番禺垃圾焚烧事件”“反对绿坝事件”等。

很多引起网络舆论关注的群体事件，如云南孟连事件、贵州瓮安事件等，都是在粗放型经济增长方式的发展过程中，由于当地居民的利益受损引发的群体冲突事件。从引发的关注来看，这些事件大多是发生在相对封闭落后地区，生产、生活方式和思想观念都比较老旧，因此，在矛盾激化的情况下，倾向于采取极端的方式来引起外界的注意，以求得到外界更多力量的参与来促进事件的解决。云南孟连事件就是由当地胶农同橡胶公司之间利益纠纷引起的；贵州瓮安事件则是“积怨过多”造成的；广东乌坎事件是在拆迁过程中发生了利益纠纷导致的群体冲突行为。这些舆论事件经过媒体的发酵，引发了强烈的社会反响。其实质是群体与企业和当地政府间的一种利益的博弈。

粗放型经济增长方式中，政府在经济发展过程中扮演着更加积极的角色。很多政府经济政策的制定从无形中加剧了社会资源在社会群体之间的再分配，导致了分配利益之间不均衡的矛盾。如果政府政策是带有一定的地域倾向性的，加之粗放型经济产生的资源、环境等的压力，矛盾就会进一步激化。很多网络事件，表面上看或许只是一起偶然事件，但其背后往往潜藏着复杂的利益纠纷。如 2010 年 3 月 22 日，网络上出现一起轰动性的舆论事件：河南魏堤口村村民用乡长杯子喝水被乡长拘留。“茶杯门事件”正是由于基层利益不均衡所造成的，其背后真正的根源是“征地门”，事发前本村村民的土地一半被强征，且一直没有看到政府批文，拘留事件就是包括魏克兴在内的村民强烈反抗并持续上访，导致乡长与村民的矛盾激化。“借喝水杯子”只是点燃问题的导火索。山西发生的多起溃坝事件和矿难隐瞒等安全生产事故都是粗放型经济方式增长造成的后果。许多食品安全事件如苏丹红事件、三鹿毒奶粉事件，表面上是企业追求经济利益所致，实则是当地政府与企业间利益链条交横，监管力度不够导致的结果。

(二)贫富差距扩大

发达国家的经济发展初期，在资本技术缺乏，人力资源相对充裕的情况下，劳动力价格比较低廉，收入差距扩大；经济发展到一定阶段，资本与技术相对充足，而人力资源较以前出现明显的不足，因此社会必须用提高劳动成本，改善工资来弥补人力资源的不足，促使大批社会中产阶层诞生，社会收入差距开始缩小。而中国发展状况则不同，劳动力资源的过剩引发的打工潮，使企业无须考虑提升工资来招收一线工人，工资持续出现负增长的势头。“务工荒”就是工酬低廉的一个真实反映。广东等城市成为打工大群体的聚集地，激烈的“岗位竞争”让他们在抗争中不断处于低收入的地位。频频发生的富士康跳楼事件等无不揭露着繁重的工作压力和工资的不平衡之间的矛盾，其实质是深层社会机制下的无言的事实的反映。

我国贫富差距主要表现在不同群体之间、群体和企业部门之间。群体间贫富差距的产生无疑与改革制度有关。如农民工群体、下岗工人群体的生活举步维艰等，都是经济体制造成的后果。由于我国现行的改革仍在进行中，各项制度还不完善，因此社会群体间的差距正在某种程度上不断被拉大，许多国有企业凭借国家权力的特殊资源形成行业垄断，造成区域、行业发展的差异，处于领导阶层的员工收入与社会普通员工的收入存在着明显差别。最近国家发改委正在制定收入分配改革方案，政策尚未出台就一直遭到了舆论的怀疑，《中国青年报》发文认为，官方出台的收入分配制度改革方案只不过是企图给利益集团合法收入套上一个神秘的幕后面纱而已，这一舆论一出就引起了很大的社会讨论。

我国贫富差距也表现在区域与区域之间。经济体制改革之后，由于沿海的特殊的地理优势和国家政策的倾斜，造成了地域间发展的不平衡趋势的扩大。广东、上海、浙江、江苏等东部地区成为经济发展的龙头区域，中部成为相对发达地区，西部省份则成为欠发达地区，由此可见贫富整体出现了不均衡的趋势。很多受网络舆论所关注的群体事件都发生在经济相对欠发达的地区。如果社会贫富差距是由于分配体制所致，则会让民众产生社会不公正意识，会导致社会风险的加剧。

付出与获得的比例失衡，促使公众对社会不平等事件的意识增强，导致了一系列反对“官二代”“富二代”的仇官仇富事件的发生。如 2003 年的“宝马撞人”案、2009 年的杭州“70 迈”事件、“最牛团长夫人”事件、“微笑表哥”事件等的网络舆论都在第一时间迅速引发围观，形成了对弱势群体的同情和对权贵势力的仇恨两大阵营。巨大差距也会引发一系列的报复行为，易形成对政府一方的“群体围攻”，以达到感情宣泄的目的。社会学家夏学銮对这种宣泄这样理解：“有的人对事物的判断往往牵扯一些个人的私事，把它们搅和在一起变成了一个宣泄的工具，在网络上寻找替罪羊，把平时生活积累的一些愤怒、不满嫁接到网络中去。这失去了网络批评的意义,变味了。”①

三、网络舆论背后的文化考量

政治场与经济场作为网络舆论的元场,对网络舆论的形成起着主宰和支配作用,文化场作为社会场中另一元素,也成为隐藏在社会场背后的另一只手,通过制造和传播符号、图像、话语和声音建构网络事件,这一过程以文化观念的改变与更新、文化习俗的创新与使用为基本特点。怀特认为:“文化就是社会礼仪、符号、故事和世界观的集合,它是人们指导其建构自己行为策略的工具包”②。在网络舆论行为中,文化扮演着行为的策略工具。网络舆论行为是网民在文化这个工具包中寻找不同的策略方法,并建构网络舆论实践的过程。也有许多学者将文化同文本视作一体,认为人的行为意识是受文化因素影响的,即文本的呈现方式的影响。这从某种意义上来说都承认了网络行为背后的深层文化动因。正如马克斯·韦伯所言,人类是一种悬挂在由他自己编织的意义之网上的动物。我们把文化看作是这些意义之网,因此,对文化的分析不是寻找规律的实验性科学,而是寻求意义的一种阐释性科学。“我追求的是阐释!阐释表面神秘莫测的社会表达。”③为了理解文化如何影响和构建网络公共意见,我们必须分析:现代中国民众网络集体事件中的文化传统是如何被继承和创造的;集体事件中

---

① 转引自石长峰:《“网络暴民”是怎样诞生的》,《中国社会导刊》,2006年第17期。

② 转引自赵鼎新:《社会与政治运动讲义》,社会科学文献出版社2006年版,第210页。

③ 转引自郭建斌:《理解与表达:对凯利传播仪式观的解读》,http://academic.mediachina.net/article.php?id=5090,2006年8月31日。

的文化表达形态出现了何种创新，以及这些创新如何影响网络事件公共意见的构成，具体包括传统文化桎梏下的文化影响、符号意识的规制及数字化时代文化的作用。

(一)传统与现代的碰撞与折射

受传统儒家文化的影响，中国国民普遍形成了对权力的远离和敬畏之心，个人的主体意识被集体意识淡化。网络传播革命对传统层级权力的冲击和瓦解，赋予了个体从未有过的“微力”，使其感受到“我”的存在价值，由此激发了对个人权利的关注和追求。尤其是网络平台对身份的隐匿，以及交互平台具有的人性化特点，使人们克服了内心的自卑焦虑，这种被传播革命驱动的集体参与，具有很强大的爆发力，不仅揭开了权威的神秘面纱，而且在为现实社会的转型提供着心理和思想层面的“助燃剂”，甚至为构筑一个新的“公共空间”而蓄着势。可以说，有这种网民参与的中国语境的网络舆论只是一种草根意见的表达和民主意识的体现。“这些网上舆论应当被视作社会民意系统的一个重要参数，它至少体现了在特定时期社会发展的某些重要问题。网络舆论成为社会现状的一种表征，承载着更深层的社会背景与社会现实。”①因此，中国正在形成一种复杂的、本土的互联网政治文化语境。

在文化文本对网络舆论行为的影响因素中，传统儒家文化无疑是最有影响力的一个。传统文化博大精深，包括儒释道三家，三家合而为一，最核心的部分是“仁”与“礼”当道的行为准则。“天下为公”“天人合一”“修身齐家、治国、平天下”等思想成为人们习得行为的准则。这些传统文化、伦理道德成为人们心中潜移默化的意识形态并深深扎根于每个人的行为当中。如果集体事件爆发，众多参与者在场，这些传统习俗和伦理道德规范就会成为一种无

① 彭兰:《关于中国网络舆论发展中几组关系的思考》,《国际新闻界》,2009 年第 12 期。

意识束缚并指导人们的行为。特别是在我国，许多公共知识分子一直牢记着“以天下为己任”和“为民请愿”的使命来行使权力，网络舆情事件发生时，他们身上更多地体现的是儒家思想和社会良知。

瑞士心理学家荣格认为，集体无意识是由遗传保留的无数同类经验在心理深层积淀的人类最普遍的精神。集体无意识的内容是原始的，包括本能和原型。它自身存在又不依赖于个体的经历，以一种不明确的记忆形式积淀在人的大脑组织结构中，在一定条件下能被唤起、被激活。[①] 荣格的集体无意识可以作为我们分析网络事件中不同网民的行为的一种最好阐释。面对同一社会事件，不同的网民会依托自己无意识的文化背景熏陶下的思想观念来指挥他们在众多的文化文本中寻求认知、观念和价值相近的群体并向之靠近，这些成为他们一起进行下一步集合的共同文化道义理念，如同市场交换中的货币一样，成为人们交换彼此“态度”和“看法”的中转工具，为下一步行动提供思想的指导。网络媒介其实就是一种媒介，这种媒介更像是一种渠道，是网民进行行动和意见表达的平台和工具。它与共同价值观念之间的关系，正如商业行为中市场同货币之间的关系一样。当下的众多网络舆论案件，正是传统伦理文化指导下的网络舆论行为的集中体现。我国在改革开放以后，学校教育普及，“天下为公”教育思想深入民心。但现实情境中，官员在体制外与民众争夺权利的现象较为普遍，腐败行为猖獗，与思想教育中的“行善积德”形成巨大的反差。因此，网络上爆发的许多事件，网民常常以共同价值理念为媒介聚集起来，并将此作为对官员的监督的利器。比如“表叔”事件、胡长清案、政府预算公开事件、周久耕香烟门、上海钓鱼执法事件等皆是网民利用传统“善治”利器对政府和官员制约和监督的体现。其他网络事件

---

① 转引自何新华：《网络暴力事件中的受众心理机制》，《新闻爱好者》，2008 年第 10 期。

亦是如此。网民中的仇官、仇富现象,是我国自古以来舍利取义精神的最好体现。孟子曰:“万钟则不辨礼义而受之,万钟于我何加焉!”我国改革开放以来,物质丰足带来了官员生活的腐化和奢靡,很多“富二代”“官二代”奢靡炫富,飞扬跋扈,网络上“仇官”“仇富”的舆论事件层出不穷。如杭州“70 迈”事件、宝马撞人案、“我爸是李刚”、李天一强奸案等,网络中只要出现“官二代”“富二代”的标签,网民仇官、仇富的民粹主义情绪就会立即被激发,容易掩盖事实的真相,导致网络社会暴力的发生。网络舆论中的民粹主义情绪,是我国民族大一统及爱国精神的体现。网络反对日本电器事件、奥运会圣火传递事件、莎朗狠抛“报应论”事件等,使得网民在网络上群情激愤,民族大团结的情感被激活,给当事人及国家造成了空前的信任危机。还有,网络舆论对北京雾霾引起的环境问题的讽刺与调侃,引起了网民对监管部门的质疑,体现了我国传统文化中“天人合一”的观念。网络舆论关注的虐待幼儿事件,体现了“老吾老以及人之老,爱吾爱以及人之爱”的观念。

我国传统文化的思想与观念深入民心,当网络舆论行为发生时,它会以某种无意识的思维模式对行为进行引导。但有时又会矫枉过正。现实社会中炫富事件、婚外情现象、小悦悦事件引发的道德危机的谴责、屡屡发生的官员玩忽职守现象等,一旦在网络上被呈现,便成为网络舆论群体讨伐的对象,网民也乐此不疲。如铜须门事件、南京“徐宝宝”事件、女司机被打案件等,引发了网民的过激行为。如对当事人进行人肉搜索,已经严重威胁到当事人的个人隐私,这正是现代社会人们对传统伦理道德价值迷失的一种过激焦虑反应。在集体实施网络舆论暴力时,网民群体实现了情感的升级,对弱势群体的同情心理被狭义精神所替换,将他们的遭遇变成自己经历的化身,完全产生一种肝胆相照的心理交互式反应。这与中国古代所谓的狭义精神相吻合。李普曼也说过,舆论本身就是对一些事实从道德上加以解释和经过整理的一些看法。

可见，中国网民在道德方面的舆论过激行为，无疑是对传统文化的道德、伦理的充分反映。

网络舆论中的集体从众心理和从众起哄行为，也是中国传统文化讲求集体主义的一种负面写照。当网络集体事件发生时，网民更是疏于思考，在某个起哄的网民的煽动下，更容易形成群体攻击，造成舆论强大的声势。中国文化讲究熟人之间的面子，因此从不会在熟人间进行谩骂、批评和攻击。一旦网络提供了这种隐匿的舞台，网民就可以撇开面子的约束，使网络攻击泄愤成为一种受人追捧的行为。

(二)现代走向后现代文化下的狂欢与颠覆

与传统传播方式相比，网络传播呈现出不一样的特征：其中交互性是最大的特征，打破了传统传播的单向性；可以将多个意见表达同时呈现在网络平台中，显示出多元性；多元化的主体互相交流和磨合吸收，形成多元观念互相碰撞和相互认可的局面，因此具有价值中立性；传播主体可以自由选择信息的内容和进行信息的生产，使传播具有主体性；网络空间的自由选择加剧了大众的分化，具有个体性。网络传播的这些特性无疑会在后现代文化中体现出来，后现代文化不仅是一种文化观念和思维的转向，更是一种生活方式的转向。

网络舆论行为中的后现代文化因素，既有舆论主体言说者的话语主体本身原因，也有后现代化中的科技方面的原因。从CNNIC的历史数据统计来看，中国网民以35岁以下年轻人为主，这部分网民构成了网民的舆论主体，这个时代的言说主体出生于改革开放时期，既受到传统儒家文化的影响，又受到经济市场导向的后现代文化的熏陶，因此传统与现代、现代与后现代成为他们潜意识的文化形态的印记。从科技方面来看，网络媒体给后现代文化发展提供了广阔的舞台，从实践上看，网络及其文化是伴随着技术产生的，它同时展现的是后现代文化的特点，活跃在后现代文化的背景之下。但“后现代主义文化又是在后工业社会或信息社会中孕育产生的，并且只有在信息技术指导下的网络产生之后才得以蓬勃发展。若强调生产方式的基础意义，可以说因特网具有天生的后现代品格，它的产生与发展强化了当代文化的后现代主义特征”①。

后现代主义反对一切权力中心，主张非中心化，任何人在网络面前都没有特权，被人肉搜索的监督标准就是“众愤”，这种标准代表了众多分散的意志和情绪，具有典型的后现代特征。对艺术权威的否定，主要体现在网络舆论的戏谑、段子与讽刺事件中，这些事件表面是以嬉笑怒骂揭露事情，实则在娱乐搞笑视频下潜藏着对权威的嘲讽与蔑视。段子作为一种充满活力的民间文化，其创作主体多元，题材涉猎广泛，具有娱乐、宣泄等多种功能。在新媒体环境下，段子文化尤其盛行，它作为一种“休闲”产品，具有高度的讽刺性、娱乐性，是不满愤怒情绪的宣泄渠道。在我国学术界，研究者借用巴赫金的“狂欢化诗学”来阐释段子消解、解构权威的政治功能。段子“借助于民间口头的宣泄性叙述，在嬉笑怒骂间表达个人和群体的解构性意识……充当出气阀门的时候，对社会主流舆论构成腐蚀”②。在某种意义上，段子成为隔离“官”与“民”的天然屏障，段子既是公众宣泄不满的“减压阀”，又成为强化与政府隔膜的重要机制；既是公众话语权的释放，能够培养公众的民主意识，又可能强化公众“批评又不相信可以改变”的“小民”意识，培养玩世不恭、愤世嫉俗的“犬儒主义”生存状态。③ 如绿坝事件中，网民质疑政府干涉信息公开；躲猫猫事件中，网民对政府呈现事实的

① 陈喜辉、付丽：《因特网的后现代主义文化特征》，《文艺评论》，2004年第4期。

② 李俭：《权力的伤口》，http://data.book.hexun.com/chapter-1674-3-1.shtml，2013年8月20日。

③ 赵会凤：《当代段子研究》，华侨大学硕士学位论文，2011年，第77页。

真实性表示怀疑；“70 迈”事件中，网民对数据的调侃是对公权力执法部门最好的讽刺；出国考察门事件中，网民质疑官员的生活的奢靡；微笑哥事件中，网民对政府官员对待公共事件的态度进行调侃。

随着社区媒介的兴起，网络吐槽也迅速发展成为一种宣泄草根话语，张扬个性的网络表达形式。它的语言通俗易懂，易被人广泛记住。如“我勒个去”“给力”“你造么”等感情色彩强烈的表达，采用谐音字的手法表达普通的含义，给意义增添了反主流的色彩。还有一些吐槽借用各种修辞手法对故事艺术进行反讽。比如“吐槽猪上海事件”：“当网民还在为小康生活努力奋斗的时候，上海人民已经天天喝着猪汤奔大康了，羡慕啊。”通过运用夸张的手法来表现对现状的不满，比如吐槽高温：“睡张凉席，一睡变成电热毯了！”“路上遇到陌生人，相视一笑变熟人了！”“带小狗出去遛了圈，变热狗了！”等。

网络吐槽、段子都是一场场民间的“仪式抵抗”。亚文化作为一种为了打破主导文化意识形态控制而建立的文化形式，“是更广泛的文化内种种富有意味而别具一格的协商。他们同身处社会与历史大结构中的某些社会群体所遭际的特殊地位、暧昧状态与具体矛盾相对应”①。吐槽是网络时代的一种新兴的话语表达方式，既娱乐大众又缓解社会压力，成为人们揭露社会、批判现实和表达民间话语权的最好的诠释。福柯认为“话语即权力”，话语权在大众传媒时代一般由统治阶级掌控，舆论的方向由他们掌控，民间的话语权被剥夺，在社交媒体日益发展的时代，网民借用吐槽的方式，采用戏仿的手法，对一些公共危机事件进行集体社会吐槽，往往能造成轰动的社会舆论效应，形成社会的一支不可忽视的力量。比如在温州动车事故、兰州水污染、日本地震抢盐等事件中，就得

① 胡疆锋：《伯明翰学派青年亚文化理论研究》，中国社会科学出版社 2012 年版，第 20 页。

到了很好的体现。法国思想家福柯在《何谓“启蒙”》一文中点出了现代主义与后现代主义在基本态度上的区别：前者面对世界和自我的不可预测而焦虑担忧，后者则只关注现实，既不怀念过去也不考虑未来。这种只考虑当下的思想，在网络舆论行为中表现为网民追求言论快感，对网络舆论采取消费与娱乐态度的倾向。因此在当前社会压力增加，发展节奏变快的时期，网民吐糟呈现出巴赫金式的狂欢景象。如面对高官落马，网民拍手叫好，大快人心；面对“拉链门”“艳照门”“兽兽门”等事件，网民根本不去探究社会伦理道德的尺度，只是一味追求面对事件的快感。在网络舆论狂欢中，言说主体和受众主体都在接受这种狂欢局面。这种网络狂欢式的局面，正如约翰·费斯克在以电视为例分析文化商品时认为的，“在流行文化消费过程中，除了媒介机构通过媒介文本实现商业利益的进程之外，还存在着大众生产意义，获取快感的进程。大众对媒介文本的解读，并不是对于媒介文本意识形态的屈从，而是能够逃避文本的控制，生产出自己的意义，从而获得愉悦”①。

在影响网络舆论文化文本内容中，后现代文化更多地具有舶来特征，具有新时代的标签，而中国传统文化的厚重与绵延则更具有时代穿透力和感染力。因此，相较于后现代文化，传统文化对网络舆论行为的影响更为深远。

（三）媒介仪式下的舆论呈现

从人类学的角度来看，“仪式是一种文化建构起来的象征交流系统。它由一系列模式化和序列化的言语和行为组成，往往是借助多重媒介表现出来，其内容和排列特征在不同程度上表现出礼仪性的（习俗），具有立体的特性（刚性），凝聚的（融合）和累赘的

---

① ［美］约翰·费斯克：《理解大众文化》，中央编译出版社 2001 年版，第 32 页。

(重复)特征"①。从语义学来说,仪式是"一系列正式的、具有可重复模式、表达共同价值、意义和信念的活动"②。将媒介和仪式结合在一起研究的杰出代表是美国传播学家詹姆斯·凯瑞,他认为传播的最高表现并不在于信息在自然空间内的传送,而是通过符号的处理和创造,参与传播的人们构筑和维持的、有意义的、成为人的活动的制约和空间的文化世界。在他看来,传播活动"是人们交往的一种仪式,其作用在于通过符号的处理和创作,定义人们活动的空间和人们在这一空间扮演的角色,使得人们参与这一符号的活动,并在此活动中确认社会的关系和秩序,确认与他人共享的观念和信念"③。媒介仪式是"围绕媒介相关的核心类属和界线展开的一种形式化的活动,这种活动的进行直接或间接表明了它和那些与媒介有关的宽泛价值之间的联系"④。这种宽泛的价值联系蕴含着媒介仪式在其活动中呈现出的多样化形态和产生的媒介效果的不确定性。传统意义上的媒介仪式包括"媒介所报道的仪式性内容、媒介报道该内容的仪式化方式、媒介本身成为一种仪式或集体庆典"⑤。

网络中群体事件的发生具有不确定性,其发生和结果都是无法进行预测和确定的,因此不能像传统媒介仪式那样按照既定模式宣传,媒介只能通过挖掘事件本身能吸引眼球的关注点,通过某

---

① [英]菲奥纳·鲍伊:《宗教人类学》,金泽、何其敏译,中国人民大学出版社 2004 年版,第 178 页。

② Edgar、A&P Sedgwick eds: *Cultural Theory*: *The Key Concepts*, London and New York: Routledge, 2003, p340.

③ 单波、石义彬:《20 世纪西方新闻与大众传播理论改观》,《国外社会科学》,2000 年第 4 期。

④ [美]丹尼尔·戴扬、伊莱休·卡茨:《媒介事件》,麻争旗译,北京广播学院出版社 2000 年版,第 3 页。

⑤ Nick Couldry: *Media Rituals*: *A critical—Approach*, London and New York: Routledge, 2003, p57.

种议题框架引起民众的“认知震撼”和“道德碰撞”。因此，网络突发事件中的媒介仪式，主要是指突发事件报道中媒介成为一种仪式或庆典，其核心为媒介在报道中引发多媒体的融合，共同构建突发事件的某种社会意义或舆论。如“开胸验肺”事件、“挟尸要价”事件、“躲猫猫”事件等都是如此，在媒介的报道作用下，这些事件发展成为一起起公共事件，促进了一系列有利于民众的政策的制定和完善。

广播、电视等媒介，作为仪式的作用亦在不断增强。因为媒介能将发生在现实中的事件通过空间传递输送出去，呈现在民众面前，引起人们强烈的感官反应，形成一种仪式效果。媒介正是利用仪式效果的特点，发挥介入事件的引爆作用，通过固定的框架赋予事件特定的意义，借用不断重复标题等形式来引起民众的关注，激发隐匿在内心的情感，形成广泛意义上的舆论煽情效果。在网络舆论事件的媒介仪式传播中，仅有媒介符号还不足以推动舆论的生成，必须借助情感助力来完成。

经过媒介象征符号的节奏连带与反复传递，民众的情感会在“沉默的螺旋”作用下，对部分情感进行整合，一部分被消解，一部分呈螺旋上升，从未形成集体的情感达到集体欢腾。在突发事件媒介仪式中，集体欢腾情绪让民众的情感得到宣泄，从而在宣泄中达到舆论高潮，并形成了共有的舆论倾向。

媒介仪式的重要作用在于其能“唤醒人们内心的情感关注点，为人们提供一种‘事件感’，使某些核心价值观或集体记忆被唤醒”①。媒介仪式的这种唤醒情感的功能有助于达成舆论的共识。网络媒体出现以后，网络事件频发，由民众的集体情感爆发的舆论声势之所以浩大，就是因为媒介仪式效果在网络媒体上更容易产生，而且气势来得更加猛烈。网络媒体不仅是一个容纳千万种情

---

① [美]丹尼尔·戴扬、伊莱休·卡茨:《媒介事件》，麻争旗译，北京广播学院出版社 2000 年版，第 3 页。

绪的收纳器，当事件来临时，媒体、民众的声音都在网络中展示，网络媒体又在发挥着“扩音器”的作用。

任何形式的仪式都是与符号密不可分的，正如涂尔干所言，文化符号具有神圣力量的重要意义，认为仪式指向由外在客体符号化的成分，唤醒情感，从而使人们更有可能体验到团结感。[①] 媒介符号较之传统媒体，有更多的呈现方式，可以借助动画、视频、图像及词汇等，允许民众利用符号进行再创造，赋予事件不同于媒体界定的意义，产生具有轰动效应的网络舆论。如我爸是李刚、范跑跑、躲猫猫、杭州“70 迈”等网络流行语就是网民借用词语的形象作用对事件的草根表达的典例。再如贾君鹏事件，事件自始至终就是一个虚拟的符号，被网民转换为仪式化的行为艺术和话语狂欢，这种行为艺术的本质是一种对“网络心理”的反抗，它以一种“后现代”的行为方式，创造了一个令许多人匪夷所思的话语情感欢腾景象。

总而言之，网络媒体作为一种各个媒体的收纳器，在媒介化仪式报道中，作用最为明显。网络媒体中基于传授一体化的网民共在场域，能让网民在互动中互相碰撞，经过媒介符号唤醒而产生共同的情感与价值理念。媒介仪式的扩大效应与网民的欢腾情感相结合，最终可以形成具有共识的舆论事件，在整个网络舆论媒介事件中，媒介仪式更多地体现的是一种媒介文化的特征。斯图亚特・霍尔指出，当代的媒体“不再是仅仅作为反射或维持舆论的机构，而是帮助生成舆论和制造共识的”[②]。网络舆论事件媒介仪式离不开媒体的作用。舆论事件的建构关键在于利用媒介符号所进

---

① [美]乔纳森・特纳、简・斯戴兹:《情感社会学》，孙俊才、文军译，上海人民出版社 2007 年版，第 60 页。

② [英]斯图亚特・霍尔:《“意识形态”的再发现——在媒介研究中受抑制后的重返》，杨蔚译，见:蒋原伦、张柠主编:《媒介批评》第一辑，广西师范大学出版社 2005 年版，第 23 页。

行的情感碰撞，让“已经自然化的个别的偶然的事件转化为具有普遍意义的广泛事实，并使人想当然地接受，视其为理所当然”①。这种“理所当然”的事实即为共同舆论形成的标识。

可见，网络上形形色色的舆论事件背后体现的是中国社会转型所带来的政治、经济、文化的一种映射。根据布尔迪厄的场域理论，社会场域是由大大小小的社会小场域构成的。由于资本占有量的不同，体现在社会空间中的位置也有所不同。其中政治场、经济场、文化场在社会场中占有较大比重的资本，从而会对社会场中的其他场域产生较大影响。从网络舆论事件的发生、发展来看，新媒介场的特性与其特有的习性是其发生的直接原因，循此脉迹，我们能够清晰地捕捉到社会场中政治场、经济场、文化场相互作用的影子。当代社会正处于社会转型期，各种矛盾凸显，网络舆论事件多发正是当前社会状态的一种反映。

当前中国的政治、经济和文化的变迁是在社会转型的大背景下进行的，根据社会学家郑杭生的观点，“社会转型”意指社会由传统型社会向现代型社会的转型与迈进，即社会结构的转型，说得更具体一点，就是从农业的、封闭的传统社会，向工业的、城镇的、开放的现代型社会的迈进。从某种意义上来说，“社会转型”的实质就是“社会现代化”。中国的近现代社会转型主要是指自 1978 年改革开放以来中国从原来的以经济为主的农业社会迈向以市场经济为主导的工业社会。转型过程中会面临诸多困难和挑战，其广度和深度成为变革中具有中国特色的特征，这些特征正是中国当下网络舆论事件发生的深层的社会根源所在。中国社会转型体现在：政治上，中国不断向民主法治社会前进，社会开放程度不断加强；经济上，形成以市场经济为主，向工业社会迈进的新战略；文化上，呈现多元文化形态，价值观念和伦理道德出现了不同的表现和

---

① 隋岩：《从符号学解析传媒言说世界的机制》，《国际新闻界》，2010 年第 2 期。

追求。

网络舆论的背后是社会政治现实的缩影。网络媒体传播的多向度、便捷性，都为网络舆论的发展提供了便利条件，也成为反映社会的一面多棱镜，其中政治表现中体现为政治意识形态的踪迹、民主法治的发展等方面。1978年前后，中国的政治意识形态已不同于以往的一元指导的马克思主义，在内涵和外延上有着明显的不同，如在网络上，中国网民具有明显的意识形态与政治派别，五毛、小左、右愤等成为具有代表性的身份象征。中国诸多网络事件的爆发原因，都可以从中国政治意识形态方面寻到踪迹。改革开放以后工作重心的转移，使得政治意识形态在原来的一统思想基础上做出了重大调整，中国特色社会主义意识形态话语开始形成。尽管新的政治意识取得了重大成就，但由于社会转型的复杂性，其也面临着许多挑战。民众更加注重物质追求，精神追求面临着前所未有的缺失，形成“三信危机”(信仰危机、信心危机、信任危机)。狂欢与颠覆成为精神追求方面的主要话语表现形式，许多网络舆论事件都受其影响。

中国的经济变革对网络舆论的影响则更为直接。改革开放以来，经济体制改革中，最明显的结果是利益的变动和改革，导致了阶层之间的分化和加剧了矛盾。不同阶层之间的利益差距的变大和经济发展进程中的矛盾的扩大，改变了原有的阶层关系。经济改革中最大的受益者成为新型的富有阶层；广大工人、农民成为普通受益阶层。贫富差距逐渐被拉大，他们与新富有阶层的矛盾一旦积聚到一定程度，便会借助网络的便捷优势，进行宣泄。因此，网络舆论的诸多事件就成了众多网民民情、民意表达的最便利的通道。

作为通过文化积淀影响的文化场，它与政治场和经济场一样成了网络舆论行为发生的另一深层根源。中国传统文化中的伦理道德，指导着人们的思想并约束人们的行为。作为公共知识分子，具有“为民请愿”的思想，在网络舆论事件发生时，他们进行发声，更多体现的是对社会的良知和责任心。传统文化向后现代文化的转变，多元化、非理性、平面化、权力话语的消解成为后现代文化的特征。媒介仪式作为一种网络舆论行为中的社会动因，已经成为一个不可被忽视的原因。媒介仪式通过“唤起和重申社会的基本价值并提供共同的关注焦点”，达到“去异趋同”的调节，容易形成网络舆论的趋同。媒介仪式化的报道，能将网民的价值观通过网络媒体更好地发挥放大作用。在整个网络舆论事件中，媒介仪式呈现出一种网络媒介文化的特色。

第四章　从网络舆论场域到网络公共领域

互联网在中国的普及引发了中国政治、经济、文化等诸多领域的变化。如果说推翻清政府，破除两千年封建文化，是中国近代史上的一次思想浪潮的话，那么改革开放以后对西方现代文明的重新接纳则可被视为另一次重要的里程碑式的浪潮。国民的民主、平等、自由的观念逐步增强，网络营造出的虚拟的空间给了人们长久以来追逐的自由气息。而网络空间中彰显的自由、平等观念虽与德国学者哈贝马斯所提出的“公共领域”有着很大的相似性，却又呈现出不同的景象。乐观者认为网络媒体必然会营造出一个自由、平等的场域——公共领域；而观望者则认为互联网目前还没有形成自由、平等的场域，“公共领域”在中国还任重而道远。网络特有的传播特性以及某些集体势力的操控，改变和影响着舆论的本质，会使舆论沦为“伪民意”，因此，要区分真伪民意，辨别真假舆论，重新构建理性的公共空间。

一、网络舆论与公共领域

（一）从舆论到公众舆论

要理解舆论的概念，其具备的 3 个条件——公众、公共事务、意见缺一不可。公众需要有独立自我意识；载体是有涉及公共利益的公共事务；要有对公共事务的评价性意见。

首先是公众。他们首先要是“有理性的个人”，且能理性思考。那么理性的公众存在么？李普曼认为，“我们在看到这个世界之前就被告知它是什么模样。我们在亲身经历之前就可以对绝大多数事物进行想象"①。这些先入之见在人的理性来临之前就已先产生影响,"它在我们所意识的信息尚未经过我们思考之前就把某种性质强加给这些信息"②,"成见系统一旦完全固定下来,我们的注意力就会受到支持这一系统的事实的吸引,对于和它相抵触的事实则会视而不见"③。更重要的是,成见甚至成为一种可以用来描绘和判断的意见。所以,李普曼认为"在任何有助于思想的文明中,一个人既怀有偏见,同时又能抱有中立见解,是不可思议的"④。也就是说,生活在这个文明世界的人,不可能用一种超脱世俗的眼光去感受世界,那么所谓的"有理性的人",能辨别是非的公众,即是一种虚幻的实体。

舆论的客体指公共事务,李普曼认为"舆论面对的是一些迂回曲折、看不见摸不着而又令人困惑的事实,而且根本不可能一目了然"⑤。这样,公共事务就成为隐藏在事实背后、不容易被人认识的事实或事件。因为事实的真相通常受到"人为的审查制约和社会交往的限制,每天能够用以关注公共事务的时间比较匮乏,因此不得不压缩成简短的消息从而对事件造成歪曲报道,用琐细的语汇表现复杂世界所面临的困难,以及最后,面对那些似乎威胁人们既定生活方式的事实真相时所产生的忧虑",这些只不过是外部的

① [美]李普曼:《公众舆论》,阎克文、江红译,上海人民出版社 2002 年版,第 73 页。

② [美]李普曼:《公众舆论》,阎克文、江红译,上海人民出版社 2002 年版,第 80 页。

③ [美]李普曼:《公众舆论》,阎克文、江红译,上海人民出版社 2002 年版,第 96 页。

④ [美]李普曼:《公众舆论》,阎克文、江红译,上海人民出版社 2002 年版,第 97 页。

⑤ [美]李普曼:《公众舆论》,阎克文、江红译,上海人民出版社 2002 年版,第 22 页。

限制，“然后再来分析这些残缺不全的外来消息又是如何受到日积月累的想象、偏见和成见的影响的，它们如汗牛充栋体现着并转而有力地支配着我们的注意力和想象力本身”①。可见，人可以接近无限范围的事实，但与接近事实的真相的距离也是无限大的。真相永远像镜花水月，遥不可及。

关于舆论的主体——意见，自然成了一种半真半假的存在。李普曼指出：“对舆论进行分析的起点，应当是认识活动舞台、舞台形象和人对那个活动舞台上自行产生的形象所做的反应之间的三角关系。”②可见，人在人和真实环境之间的虚拟环境中的判断或评价，由于仍旧会受到半真半假、残破不全的对世界的认识的判断的影响，做出的评判自然就离公正性有一定的距离。

由此看来，舆论的存在，首先必须有理性公众的存在，其次能了解和逼近世界的真相，然后做出理性的判断。但是，上述假设都被李普曼一一否定，因此，舆论的可能还值得怀疑。那么，从自然舆论向公共舆论的转向还任重而道远。

（二）网络舆论场域、私人领域、公共领域

随着网络在人们生活当中发挥的作用越来越大，人们逐渐形成一种认识：网络讨论所反映的民意代表了真正的民意。例如，在网上，经常可以看到媒体对民意进行调查，然后对该调查进行引用，这些调查且不说它的精确性和不足性，其只不过是一种公民参与的意见征求形式。网络讨论的内容是不是公众舆论的映射，网络讨论者能否代表公众，按照哈贝马斯理论，“公共领域”的第一个构成要素是这个空间中的构成公众，他们脱离于个体或凌驾于集

① ［美］李普曼：《公众舆论》，阎克文、江红译，上海人民出版社 2002 年版，第 24 页。

② ［美］李普曼：《公众舆论》，阎克文、江红译，上海人民出版社 2002 年版，第 97 页。

体的利益之上，不受国家或其他公权力的制约，拥有一定规模的数量。这里的公众有以下特征：一是具有共同关注的普遍利益；二是主动、自愿地结合，对公共事务进行商讨与批判；三是在一定的公共空间中进行，拥有一定的规模，规模的大小视“普遍利益”的性质与程度而定。

网络空间中的主体讨论者正在经历从小众向公众的转向，即私人领域出现公共化的倾向。网络中的私人空间、私人领域有演变为公共空间、公共领域的趋势。如微信中的朋友圈即是一个很好的例子。微博、微信逐渐成为人们发布信息的重要平台。通过微博、微信等平台传送出的信息有可能在网络上迅速传播发展成为公共事件。同时，网络空间也存在另一种情形，公共领域私人化，即公共领域大量收编私人话题，个人隐私在公共空间不断放大，公共领域日益呈现出私人化的发展趋势。一些网站如凤凰网、人民网、新华网等通过开设专门的网络论坛，将大量私人话题收编进公共空间进行讨论，目的是引发更高的关注度和点击率。如毕福剑饭局事件即是将私人领域与公共领域的边界打破的一个例子。“吃饭”本是一个艺人的私人行为，属于私人领域，不具有公共性，但当通过网络媒体的曝光，当事人的言语行为被暴露于公共领域空间，就会引来大量网民的关注，成为公众热议的话题，这就是私人领域的公共化与公共领域的私人化。

网络为大众传播和人际传播提供了融合的工具，这种融合的特性逐步渗透到各个层面，既可以超越时空的限制进行全球化的传播，又能使传播终端变得多样化、丰富化，改变传播形态，将文本和图像交汇到一起，打造视觉上更加形象的信息产品，是受大众热捧的一种形式。

二、网络场域、民意与公共领域

不同形式的媒介对信息的控制有着不同的潜力。古希腊时期，公民通过集市、广场的平台来对事务进行讨论和协商；大众传播时代，报纸的信息传输由编辑对信息进行编码、解码处理；新媒体时代，公民获得了媒介接近权，公民开始大规模参与到公共事件的商讨中来。正如伊尼斯所言，“不同媒介对控制有着不同的潜力。不能广泛传播的，或者需要特殊编码和解码技术的媒介很可能会被上流阶层所利用，他们有时间和来源获得这些媒介。相反，如果一种媒介很容易被普通人接触到，它就会被民主化”①。媒体作为社交的平台，改变着人们的交往模式，进而形成了新的行为模式。“微博”“微信”等网络新媒体终端技术的应用所建构的传播模式正在对中心化的传播方式构成瓦解，取而代之的是多元化、异质化的新的传播方式。人们正通过自下而上的主动争权的公众参与改变和消解着现有的社会权力中心。

（一）网络、民意与公共领域

正如政治家、专家和媒体人员所预言，在未来日益崛起的公民社会领域里，网络将会成为一股自由民主的潜力资源。网络的兴起，使我们步入了一个在公共活动中公众参与自由的时代。它正在日益改变着人们交往的模式和大众传播的方式，这些都使建构“大社区”成为可能，在这种社区里，公众可以自由、民主地对公共事务进行参与和管理。网络的兴起，将媒体的新闻报道形式从李普曼的“陈述新闻”过渡到了杜威的“对话新闻”。公众作为一股民主的力量，在新媒体的运用平台上改变和影响着舆论生态，重塑着舆论格局。公众表达诉求和愿望的平台出现了大的转变和变革，公共权力机构的权威地位被弱化，公民的话语权得到前所未有的释放。

公众舆论实质上是对民意的反映，民意是公众在公共交往中

---

① ［美］约书亚·梅罗维茨：《消逝的地域：电子媒介对社会行为的影响》，肖志军译，清华大学出版社2002年版，第12页。

呈现出的集体意见，是理性言论市场的产物。由于民意在起始阶段可能是对某一具体事务或问题的一种及时反映，所以可能会有非理性的倾向和群体极化的趋势。卢梭认为，只有建立在理性基础上的公共参与，民众达成的共识所形成的公共意见才具有可信度，所以，民意的前提是公众的参与。在古罗马时期，公众的参与形式有坊间讨论、争论游说、请愿等，公众参与的形式具有不确定性和不稳定性等特质。在现代社会，传媒和社会结构的变化，公众参与的形式和公共意见即民意的形成呈现更复杂的含义。它既与市场化的媒体有关，又受到社会资源雄厚的精英阶层的意见影响，也隐含着不同价值利益诉求的冲突，这些都使公共意见在形成过程中包含有含混不清的力量混合体。

媒体给公民提供了一个开放、自由的公开空间，以及表达意见、进行协商，讨论各种议题的平台。“本来意义上公共性是一种民主原则，这倒不是将公共性与平等化视为等同概念。只有当这些个人意见通过公众批判变成公众舆论时，公共性才能实现。”①媒体既为公民公开辩论提供了场所，也为使公民成为具有理性的公众主体创造了条件。

雅典时期的公民对社会事务的参与形式是建立在去中心化、自主的基础之上的，而这种形式的公众参与在大众媒体时代则无法真正实现。“报纸从纯粹的发布信息的机制变成公众舆论的载体和主导，变成互相争夺的政治工具。这种报纸行业内部组织的变化，在收集新闻和发布新闻之间，编辑的作用变得异常重要。报纸发行人从一个贩卖信息的商人变成了一个公众舆论的掮客。”报纸发行人和后台编辑成为报纸的经济功能和出版功能的两大支柱。发行人为报刊业建立了一个可靠的商业经济基础，但本身并没有被商业化。一份报纸，作为公共舆论的一个延伸，始终肩负着

① [德]哈贝马斯：《公共领域的结构转型》，曹卫东等译，学林出版社1999年版，第252页。

公共性的职能，成为民意的“传声筒”和意见的“扩音器”。“当编辑部的编写内容要与销路相结合时，报刊业变成了一种仅有某些人所享有的特权开始侵入到公共领域的入口。”①此时，大众媒体输送信息的功能逐渐由媒体的议程设置和少数特权利益人所控制，公众参与讨论公共事务的权力在大众媒体时代很少被提倡，他们被排斥成为讨论公共事务的边缘化群体。

网络时代的媒体消解了传统媒体对公众参与事务的时间和空间的约束，公众可以随时随地参与表达不同意见，并在社会价值趋同的条件下可以构成一个讨论的意见交换群。他们按照价值取向和社会认同来选择和加入相应的意见社群进行对话和沟通。正如戈夫曼所描绘的，“人们透过在场的自我呈现来发展和他人的社会关系，并赋予自身所期待的角色，在场的每个人根据场中所处的环境和位置，扮演着不同的社会角色”②。网络上讨论和沟通的意见社群是现实生活的真实再现。因此，网络社会被描绘成一个充满社会关系的构型图景，在这个网状结构里，社会资源和话语分配呈现出多元化和异质化特征。

公共领域这个概念源于古希腊时期的公民精神，即公民以集市为自由进行讨论和参与事务的平台。公共领域理论最早由汉娜·阿伦特在《人类条件》中提出，经尤根·哈贝马斯进行拓展而变得成熟。汉娜·阿伦特将公共领域视为由无数观点的碰撞形成的共同意见的空间。哈贝马斯强调了理性、公众参与、公共领域三者缺一不可。因此，公众舆论的公共性必须有具备理性反思能力的批判性的公众的参与，同时还要有开放、辩论的公共空间的存在。那么在高度匿名化、去中心化、开放性的网络中，公众舆论是

① ［德］哈贝马斯：《公共领域的结构转型》，曹卫东等译，学林出版社1999年版，第222页。

② ［美］约书亚·梅罗维茨：《消逝的地域：电子媒介对社会行为的影响》，肖志军译，清华大学出版社2002年版，第12页。

由哪些群体发出的，话语权在哪些层面上构成了对公众舆论的影响，能否真正代表民意，获得话语权的公众是否有理性、批判的能力，能否构建网络公共领域，成为需要探讨的问题。

（二）微场域话语权释放

话语权在新媒体时代体现的是控制舆论的权力，舆论场中的各方话语意见的表达和呈现，更多地体现的是一种社会关系。科尔曼将权力放置于群体之上来控制个体的一种社会行为。葛兰西则是将话语权放在意识形态的框架中来分析。福柯认为，人与世界的关系是建立在传播基础上的话语关系，话语意味着一个社会团体依据某些既定规则将意义传播与社会相勾连，确定社会地位，并被其他社会团体接纳和认可。媒体的话语权的行使就是受众将自己的一部分利益依托媒介进行话语意义传播的过程，而媒体也有受控制的潜力，所以只能是部分形式上的受众的意见的传播，“社会中日益渗透的权利关系都会对话语产生一定的制约，现代社会中无所不在的监视，实是对身体和心灵的规训”①。大众传媒作为一个广阔的话语平台，呈现着不同的话语形式，表现着不同渠道的话语传播内容。在当今网络社会里，人们从自上而下的赋权过程中将把社会监管的权力争取回来，自行通过网络表达观点，对社会进行“监视”。

大众媒体时代，公众作为被动的受众，接收由政府和精英预先设好的议题新闻的框架，这种由某些拥有特定资本的学者进行供稿和把关并推送信息的媒体在某种程度上裹挟了公众的知情权和话语权。网络媒体的崛起打破了这种信息的推送、接收模式，创造了一种不受时间、空间限制的敞开式传播模式，一种新的社会关系形成。线下的公众可以因某个共同的话题聚集起

---

① 白涛：《弱势群体的新闻话语权及其实现》，《青年记者》（旬刊），2011年第5期。

来进行点评、转发和扩散，形成具有一定共识的公众群体。其中的“公共议题”超出了以往的社会大事件的范围，可能涉及到任何与自己利益相关的主题。随着新媒体技术的应用，公共话题开始逐步由移动舆论力量来推送。2014 年习近平总书记走访南锣鼓巷、在庆丰包子铺排队进餐、出席 APEC 峰会等都离不开微博、微信的实时直播。自媒体技术的应用产生了新的话语结构和话语权。

1. 社会话语空间的话语权由中心化向去中心化转变，新话语力量形成

截至 2015 年 6 月，我国手机网民的数量超过 PC，移动网民数量的变化为新的话语空间注入了新的力量。在门户时代的应用下滑之际，移动时代到来，智能手机和移动社交应用与论坛博客呈现出不一样的发展态势，与微博相比，病毒式传播来得更加迅猛和便捷，同时又呈现出圈子化的潜传播势态和信任黏度增强的趋势。移动舆论场的新话语权的渗透给社会化、商业化和智能化方面的潜力提供了无穷的发展空间。

在周永康案、令计划案等重大反腐案件中，体现了强大的话语力量。在周永康案和令计划案的舆情传播中，政府和媒体的信息发布与微博、微信中的信息输送交相辉映，互为助力。由公众力量形成的舆论场常常会因政府提供信息的不及时、不畅通产生各种形式的意见交换，达成新的共识。当公众舆论达成新的共识，随着事件真相的呈现、官方信息的正式发布，互联网上的各种信息与移动社交舆论形成汇合，开始形成新的公共意见。因此可以认为是微博、微信建立起来的微公共领域中的舆论场引导着现实社会舆论。

2. 话语权主体由精英向公众转移，理性公民逐步形成

无论是 2014 年风靡全球的微博“冰桶挑战”还是微信圈的“微笑传递待用面包”的微公益的传播，都是由社会各界人士发起，并

都引来了很高的社会关注度。微博、微信爱心接力事件，空中传递信息挽救北京12岁孩子的生命事件等都显示了普通民众通过自媒体实现自救的媒介素养和公共意识的觉醒。突发公共事件因有与受众密切相关的利益，所以更容易在微博、微信等移动舆论场中引发热议。不少事件在舆情发展初期，因带有现场感，受感官或心理刺激的影响，能激发社会怨恨情绪，更易形成病毒扩散式传播。在马航事件、上海踩踏事件中因人员伤亡严重，信息处于真空状态，在手机终端形成的微信群成为舆情传播的热门平台。微博、微信等移动终端技术的应用给公众提供了议题聚合的平台，打破了过去只有媒介机构和特定阶层进行发声的状况。根据舆情监测，在2009年里达到3成的社会议题是由网络草根直接推动的，2015年这个比例增长了近2成，接近50%，由网络草根推动的公共议题在社会生活中的影响逐步增大。同时，话语权的转移不仅表现在话语表达空间的自由性和手段的多样化上，还表现在对公众人物和精英阶层的批判和挑战上。任志强与李念的微博骂战，因其曝光星源汇户主姓氏、国籍等业主隐私信息，遭到网友质疑。有“打假斗士”之称的方舟子，近日因中国之声《新闻纵横》揭露其妻子的硕士论文涉嫌抄袭，方舟子与郭国松的互相谩骂和攻击，引发了公私之仇的辩论。目前方舟子的账号已经遭到网友的封杀。方舟子曾质疑李开复的自传《世界因你不同》涉嫌造假，引发网友大围观。最终李开复在微博发文道歉，称：“对于书中的不严谨不谦虚的部分，深表歉意。”之后，微博被网友大量转发，但多是赞誉和体谅之辞，网友的正面评价是对自身形象的一次救赎。周立波因遭到同济大学教授等批评而从“海派清口”变成“海派粗口”，他曾因“网络公厕论”与网民展开舆论战，粉丝流失20多万，引发网友对周立波的集体狂轰。

3. 公众参与空间扩大，追求公平正义的热情高涨

微博等自媒体的崛起扩宽了公众参与讨论公共事务的空间，

公众因公共利益一致形成的网络社群正显露出日益高涨的参与热情。读者和观众逐步"丧失了对传统媒体的敬畏"①。朱大可在接受《青年时报》专访时称："微博出现，恰逢中国社会格局发生重大变化，这两个事件相交，注定要改造微博的原有本性，削弱其社交功能，把它变为议论时政的公共平台。作为微型私媒体的中国微博，具有3个与众不同的特点：第一，在官方新闻通道不畅的情况下，它成为新闻发布的前线；第二，在官媒无法直接表达民众声音的情况下，它是民间意见发布的主要阵地；第三，在人大和政协无法转述民意的情况下，它是高层获取民意的最佳通道。"②微博作为一种新的民意集散地，在兴起阶段发挥了重要的作用。近年来，微博、微信共同引爆的网络名人话题尤为明显。2014年12月29日，深圳宣布开始实施汽车限购政策。微博、微信和论坛随即转发和评论，并发出了对此事的质疑声音。29日大量市民通过微博、微信集结进入深圳各大汽车4S店，准备通宵买车，深圳市公安局出动大量警力对此实施管制，这成为当时很热的话题。网民运用微博和微信设置议题的能力在不断增强，"郭美美炫富事件"遭到了草根网友的人肉搜索，网友还提出了对红十字的质疑；从"马航事件"到"上海踩踏事件"，从"宜黄拆迁自焚案"到"微笑表哥案"，无不彰显着公民参与公共事务议题设置的能力，对公平、理性和正义的诉求达到了新的高度。

最后，微博、微信"两微"的自媒体特征，使得网民的个性凸显，"微社区"不仅成了公众进行个人选秀的场域，也成为舆论争夺的另一个公共空间。2014年全年财报显示，该年度是新浪微博活跃用户增幅最大的一年，截至2014年第4季度末，微博月活跃用户

---

① 陈顺孝：《每个人都可以当记者：参与式新闻导论》，http://ashaw.org/2005/06/post_1.html。

② 朱大可：《朱大可：向微博公民致敬》，http://blog.sina.com.cn/s/blog_47147e9e0102dwlb.html。

达到1.76亿个,全年净增4700万个,为推出以来的最高纪录,月活跃用户中来自移动端的用户高达80%。① 微博中个人活跃度的增强,使微博成为更多年轻人进行自我宣泄和表达的空间。从"微博炫富"到"微博打拐",无不从另一个侧面彰显着使用微博的高潮的到来。在新媒体时代,多向度传播模式的出现,以官方权威建立起来的精英话语逐渐受到由草根阶层构建起的平民话语的威胁。公民通过使用博客、微博、微信等互联网应用技术似乎使传统文本陷入了罗兰·巴特所言的"作者已死"之境,他们借助全方位多功能的媒体技术实现了对权威的突围。近年来各种以戏谑、反讽色彩的词语反映的事件频频出现:姜你军、我爸是李刚、范跑跑、郭跳跳、楼歪歪等。这些词语一方面是对现实社会的调侃与讽刺,另一方面又是新媒体时代草根阶层所构建的平民话语对权威官方话语建立起的精英话语的挑战。

近年来,互联网上出现了"神话段子"的文本样式,它借用戏谑、反讽的方式将经典的神话"段子化",频频被发布到网络中,成为供网民共享的文本。作为一种亚文化体,"神话段子"吸收了神话的元素和内容,采用戏谑的形式对经典神话进行了消解。

如《神话的笑话》讽刺了一切"向钱看"的价值观:

> 我→:后羿!您当年为什么射日?
> 后羿:有人付钱。
> 我→:为什么留下一个?
> 后羿:他们只付了九个的钱!
> 我→:为什么单单留下这个?
> 后羿:它也付了钱!②

---

① 新浪科技:《微博发布2014年第四季度及全年财报》,http://tech.sina.com.cn/i/2015-03-11/doc-iawzuney0631454.shtml,2015年3月11日。

② http://www.iqilu.com/html/joke/2009/1228/151390.shtml。

在网民眼中，原来神话被冠以文化精英、仪式专家的标签，而到了互联网时代，网络中将神话看作是可供利用的资源和消费的对象。作为一个虚拟社会，互联网为民众表达情感、反映现实提供了条件，互联网的匿名性和开放性构成了“神话段子”独特的阐释空间。首先，互联网的开放性，使信息变得无处不在、无所不能、无所不晓。其次，网络的多向度传播模式加速了网民之间互动交往方式的形成。最后，网络是一个解构传统的话语空间，网民既可以借用发帖、转帖、改帖的方式表达情感，也可直接言说自己的诉求和愿望，形成了巴赫金所谓的“狂欢广场”，打破了线上、线下的界限，提供了一个自由的言说空间。[①] 胡泳在《众声喧哗》中说：“在网络时代，我们越来越多地被迫同我们从未见过面的陌生人交往。结果是，个人受到空前的压力，有披露自己私生活细节的欲望，同时却无法预估观众的反应。名流们非常熟悉公众要求知晓他们的私人信息的压力，一种要同追随者达成亲密关系的幻觉，推动他们不断敞开自己的个人生活，以便维持与不可见的观众的情感联系。在互联网时代，普通人感受到同样的压力，为了向陌生人投射一种能够留住记忆的形象，必须显示自己无可隐匿。为了吸引注意力和赢得虚拟观众的信任，许多人发现自己难以抵挡‘宽衣解带’的诱惑。”[②]微博、微信的这种集体狂欢式宣泄，尽管缺乏人文关怀，会触及道德伦理的底线，但从某种意义上来说是对生活压力的一种宣泄表现，用户通过情绪释放实现了他们的多元价值诉求。

弱势群体利用微博功能通过传送视频、图片来表达自己的利益诉求的事例尤为显著。他们将线上、线下的话语活动结合起来

---

① [美]阿兰·邓迪斯：《西方神话学读本·导言》，朝戈金等译，广西师范大学出版社 2006 年版，第 120 页。

② 胡泳：《众声喧哗——网络时代的个人表达与公共讨论》，广西师范大学出版社 2008 年版，第 155 页。

试图找到实现个人救赎的方法，这也成为公民意识逐步觉醒的标志之一。

(三)微场域话语权的反思

网络媒介作为一种具有扁平化特征的意见表达平台，给弱势群体提供了更多的反映社会问题的机会和场所，以往依靠报纸、广播和电视等大众传播媒体的时代已经结束，大众可以通过自媒体进行公共议程设置，话语权在某种程度上开始由精英阶层向大众释放，这种话语权的释放到底是“狂欢化的乌合之众的集合”还是公民社会的兴起，还值得我们去反思。

从微博到微信，似乎都在说明人人都拥有话语权的传播特点。“微博”作为一个媒体公共话语平台，受到当下权力结构的控制，社会精英凭借其优厚的社会资源，在媒体中享有很高的知名度、更多的话语权和很高的舆论影响力。与微博相较，微信也正在影响着我国社会舆论的传播。微博、微信构成新闻的最重要信息来源，对媒体的话语权进行挑战；微信改变着舆论的格局，对舆论的监督和引导提出了新的要求。微信作为微博之外另一种社交化媒体的新形态，其传播是在熟人圈子之间的隐性传播，这些熟人都是来自手机通讯录当中的好友，故具有个人通信、人际传播和群体传播的特点，因此极易产生群体极化现象。

有研究者将微博传播看作是“一种塔形结构，呈‘45 度仰望’传播模式，微博的用户总是以 45 度仰角在仰望着那个他所‘关注’的用户，大部分的微博用户除了自己发文，就是接收来自他所仰望的人的信息，并且转发给其他同样用 45 度仰角看着自己的人。这个信息传播过程被称之为‘高攀’”①。这种 45 度仰望的传播模式，信源最终是来自一些微博客名人的精英群体，他们当中包括专家、学者、当权部门和知名的社会团体，从这个意义上看，可以说是

---

① 周根红：《微博 45 度仰望与话语权》，《网络传播》，2011 年第 9 期。

塔形传播结构的最好的例证。沈阳夏俊峰的妻子张晶正是由于郑渊洁、陆川、韩寒等名人的关注和转发，才引起了传统媒体的跟进报道。宜黄拆迁自焚事件中邓飞的微博直播，《南方都市报》《新世纪周刊》《潇湘晨报》等传统媒体的持续跟进，才形成汹涌的民意，引起相关部门的关注，促成了事件的解决。这些信息的发布者均是社会的精英，他们的爆料遵循着“45 度仰望”的传播模式，通过“粉丝”的转发和传统媒体的跟进，形成话题议程，带动社会舆论的走向，使事件朝着有利的方向发展。草根微博在其中只起到转发评论的作用而已，对社会事件评价和舆论的形成，缺乏批判性精神和公民独立意识。

微信的意见领袖力更强，好友圈构成了一个私人领域范围内的社交网络空间。在这个微型的社交网络中，个体用户具有较微博更高的情感黏合度，因此，微信平台上的“意见领袖”即是现实世界中意见领袖在网络中的反映。这些意见领袖往往能得到社会生活中更多人的支持和关注，当微信平台中的“意见领袖”表达自己的观点时，他的观点就会对群体成员的意见产生影响，相对于微博中的意见领袖，他们的话语影响力更强，观点更易被接受。在社会危机发生时，微信“意见领袖”更易通过私人社交网络发布言论，影响熟人圈中群体成员的观点，形成圈子化的“潜舆论”传播，经微博裂变式传播，最终形成对舆论的影响。

微博话语权的释放加剧了网络攻击、网络煽动现象。不仅包括网络上受到的网络欺诈、网络欺凌，还包括收到垃圾邮件，未经授权将私人照片、资料外漏，遭人肉搜索，密码被盗，等等。在中国，微博的流行引起了一场场新的网络微博骂战。叫嚣场上人物不乏小角色，但社会公众人物更是“高调亮相”：演员郝蕾花费四个小时叫嚣微博，大肆侮辱和谩骂河南人；导演冯小刚因力挺妻子徐帆拿台湾金马影后而意外落选后，炮轰金马奖有内幕；周立波因发表“网络公厕论”引来大家的围观和争议；有“粉丝之王”号称的姚晨与凌潇肃的叫嚣更是成了网上人们八卦的论资。在话语权被放开的今天，人人都拥有话筒的时代已经到来，把原来鸦雀无声的世界变得众声喧哗了。

舆论场上有各种声音，嬉笑怒骂乃人生百态，但是有一种声音却在潜移默化中汇成了公民的主流——戏谑与调侃。这种包含着复杂的唏嘘和自嘲的戏谑与讽刺的网络文化大潮，正是“中国足球”话语场的衍生物。2005年，深足在与水原三星的亚冠比赛中获得了出线权，全场发挥可圈可点。而在当时属国脚的前锋李毅在前场的牵制可圈可点，赛后国内一家权威体育媒体报道，李毅赛后得意扬扬地说了一句：“我的护球像亨利。”(注：亨利是法国著名球星)这句简短的话犹如一根火柴，吱一声划过，点亮网络嘲讽文化的星空。草根民众们找到了一种发泄情绪的最好的方法，那就是嬉笑和嘲讽。络绎不绝的“朝圣者”纷纷涌入“李毅吧”，渐渐地这块“土地”演变成为数不多的既没有发帖格式，又无固定主题，且大多数话题与贴吧的主体人物无关的吧中奇葩，戏谑、调侃、嘲讽尽在百度贴吧中展现得淋漓尽致。

微博、微信强大的舆论场，其动员功能较强，容易导致“群体极化”。《南方周末》评论员笑蜀曾经给出了这样的评论：“围观改变中国。”事实确实如此，围观已经成为中国引爆舆论场的导火索和信息源。古斯塔夫·勒庞在其名著《乌合之众》中对群体特点做了精辟总结：“群体永远漫游在无意识的领地，会随时听命于一切暗示，表现出对理性的影响无动于衷的生物所特有的激情，它们失去了一切批判能力，除了极端轻信外再无别的可能。”①所以，公众的公民意识是需要培养的。网络上公共意见的呈现并不等同于公共民意，尽管网络中微博、微信给公众提供了一个成本低、互动强的意见交换平台。正如哈贝马斯所说，“互联网并没有什么意识形态功能，它所具有的新东西是，它可以让人以一闪眼的速度在随意的

---

① [法]古斯塔夫·勒庞：《乌合之众》，冯克利译，广西师范大学出版社2007年版，第59页。

一些私人之间建立一种水平方向的联系。它能够创造种种新的联系，在迄今为止不曾有过的公众领域，建立起文学的、科学的和政治的公众领域，它也能够肢解现有的公众领域，因而使富有意义的联系化为乌有"①。值得我们注意的是，在网络普及的每个角落里，都已经能看到更多新闻传播模式在专业新闻媒体之外的运作，如药家鑫案、李天一案、范跑跑事件等等，网友凭借互联网的分享精神，让每个人都能将自己对某个事件的意见和评论置于网络上，通过连接线上、线下的力量推动事件一步步被解决。

微博、微信上的信息传播体现了不同社会关系构成的价值，以及心理不同层面的文化认同。尽管网络信息的乌托邦是网民的共同愿望，但事实上，网络中的权力关系的不平衡依然存在。话语权就是权力不平等的重要体现。

网络舆论的实质是大 V 等意见领袖推动的"精英传播"，公众被排斥在民主参与的体系之外，而微信的传播是建立在熟人间圈子内的传播、评论和点赞之上的，更易实现公众的独立思考和自由表达。

综上所述，目前中国的网络舆论还未能建构起一个真正意义上的"虚拟公共领域"。首先，尽管网民群体实现了由小众向大众的转化，但与公共领域的"公众"的性质还不尽相同。按照哈氏理论，公共领域中的"公众"应该是建立在具有共同利益和具备共同公益心基础上的群体。尽管中国目前为止有 6 亿多人上网，但农民上网的比例少之又少。绝大多数的农民、无业人员和下岗人员的利益诉求仍旧不能很好地通过互联网得到表达，核心的利益表达群体还未形成。从目前我国网民的群体构成来看，无论哪一个

---

① 王正鹏:《互联网 · 大众文化 · 儒家文化 · 全球化》,《北京晨报》, 2001 年 5 月 2 日。哈贝马斯在京接受《北京晨报》记者独家专访。本文引自《哈贝马斯带来了什么》, http://www.worldphilosophy.cn/html/-zhexueshijie-luntanhuodong-/200812/29-351.html。

阶层都不能形成足够强大的利益核心力量来担负起"公众"群体的公共角色和社会责任。

其次,网络舆论中充斥着大量精英话语和意见领袖占主导或支配地位的观点,普通民众的利益诉求被淹没在网络讨论中,公众言论的公共性和公正性受到影响。少数精英处于引领网络舆论导向的地位,普通网民则处于从众的状态。未来的网民群体在互联网发展阶段将更多地以农民、务工人员为主,低收入、低学历的网民也会逐渐增多。文化程度的高低直接影响着对问题的看法和态度。相比较而言,文化程度较低的人更倾向于对事件的简单评论,或是简单地做出未经思索的判断,容易接受专家的意见。

再次,政治意识形态对经济强权势力的集合在一定程度上使舆论功能出现偏颇,导致了民众的真实诉求难以得到表达,虚假舆论盛行,公共言论的真实性令人怀疑。尤其是"网络推手"和"网络水手"的幕后操纵,更使舆论真假难辨。因此,推手、水手们一手炮制出来的舆论话题,掩盖了民众的真实诉求,从而使舆论与大多数人的意见越走越远。政府对网络舆论的过度管制和监督会对民众的参与热情和利益的呈现形成一定的约束。面对日益涌现的网络群体事件中民意的表达热情,论坛中的坛主会被安排"关闭评论"或"删帖"等,显然这并未能触及到问题的实质,还会阻碍民众的民意表达,不但不利于事件的合理的解决,更无益于民主进程的发展。由近年来政府公开招募"网络评论员"引起民众争议的情形可见,这并不能从根本上引导民意和解决民情。主政者应当借用一些舆情监测机构对舆情进行及时监测,对敏感话题进行关注。只有通过研习舆情态势,才能了解民众,解决民忧,实现民意。

最后,从网络舆论效应来看,其积极意义仍旧大于消极影响。2012 年《财经》杂志副主编罗昌平通过微博向中纪委实名举报国家发改委副主任、国家能源局局长刘铁男涉嫌学历造假、巨额骗贷、对他人恐吓等问题。经过 5 个多月的调查,刘铁男因严重违纪违法被移交司法，这成为2013年首例网络反腐案例。2013年，复旦大学投毒案，不仅掀起网络舆论高潮，还引发了网民以动员集结的形式到美国白宫网站进行签名，网民请愿诉求达到高潮。这些涉及政府相关部门或管理者的公共事件，在网民的关注下促成事件被公之于众，事件得以公正合理解决。可见，网络舆论在一定程度上对社会能起到监督的作用。

网络舆情的高涨体现了网民民主意识的觉醒和充分利用互联网对知情权、参与权、表达权、监督权等权利的行使，中国的网络公共领域必将在中国政治民主社会中发挥越来越大的作用。天津师范大学教授杨仁忠认为："公共领域最核心的含义是独立于国家政治权力并介于国家和社会之间的公共交往和公众舆论，它既监督制约国家政治权力，同时又为政治权威提供合法性基础。"[①]值得注意的是，当网络舆论监督成为一种社会常态时，政府部门对网络舆论管理的任务也会更加艰巨。近年来网络舆论事件大多频发在发达地区人员密集的地区，政府应当采取措施加强管理和监管。网络舆论涉及民生问题和官员的执政问题，这些都可能成为事件爆发的导火索，稍有不公，极易引起网络暴力。因此，政府部门对行政执法力度和网民道德水平都提出了很高的要求。

中国网络公共领域的发展为网民提供了政治参与的便捷渠道，加快了公民政治化的民主进程，更培养了他们参与公共事务的热情，有利于社会转型时期的平稳过渡。同时，中国公共领域的兴起，对塑造公民的政治意识，推进民主制度改革，增强政府管理和决策的透明度都起到了很好的监督作用。显然，当前中国公共领域存在着诸多问题，提高网民的媒介素养是一项长期的工程，中国的公共领域的构建任重而道远。

---

① 杨仁忠：《公共领域论》，人民出版社2009年版，第341页。

三、构建理性的网络公共空间

“舆”在古代汉语中指抬轿子的人，舆论也就是大众的意见。我国正处于社会转型期，各种社会矛盾和社会问题层出不穷，社会风险急剧上升，群体性事件频频发生。公众在社会问题频发阶段，摒弃以往“莫谈他人非”的劝诫和作风，积极地参与到社会事务中，以一种有序的方式，通过话语权维护自身权利，促进社会发展。

公众参与社会议题开始变得多样化，不仅涉及医改、教育、环境等与自身利益密切相关的话题，而且逐步涉及社会道德、国家制度的修订以及关心公民生活等一系列根本的民主制度问题。首先，公众舆论的声音从“一言堂”变为“众言堂”，由政府主导的改革政策的实施到同政府争权，公众集体发声进行抗议，在斗争中确立了公民的身份认同。其次，社会对公众舆论的接纳程度不断增强。多元化的舆论众态下，公众能够自由地表达意见，成为舆论中不可忽视的一种力量，推动着国家政治体制的改革。

公众参与促进了舆论的形成。作为舆论主体的公众开始觉醒，有意识地参与到公共事务中，开始萌生道德关怀、追求个人自由价值，逐步意识到自身的积极参与能够实现个人权利的表达和意愿的实现，最终能够影响国家的发展和政策的走向。

“开胸验肺”事件、乌坎拆迁事件、PM2.5 环境事件等都突出地表现了公民积极参与公共事务，努力争取权力的迫切愿望。当国家权力的干预影响到大多数人的基本利益时，公民就会积极地投身到抗议中，凭借互联网平台，以娱乐化的情感表达不满，继而发展为以集体行动对政府施加压力，同时利用媒体的作用双管齐下，迫使政府对问题进行回应，促使事件朝着有利的方向发展。

伪民意大行其道导致公共空间的开放度和政府的包容度之间产生了裂痕。网络场域内的声音多元而又无序，政府可以肃清网络驳杂的声音，但不能采取高压政策，否则会适得其反。在网络场域内，由于资本和权力的运作，网络民意的话语权为拥有雄厚资本和享有大量权力资源的人所持有。民意一旦开始影响网络舆论事件，权势和资本的持有者就会对它产生觊觎之心。国家自上而下地重视网络舆论，说明民意的力量越来越不容忽视，由此可见，为民意调查机构提供一个良好的空间实属必要。

在治理国家的过程中，权力向度是双向的，而不是单向的，是自上而下的赋权形式和自下而上的争权形式的体现。正如俞可平所言，"中国应该走向善治之路，政府与公民对公共生活进行合作管理，是一个政治国家和市民社会的一种新型关系，是两者最佳的状态"①。在网络场的博弈格局中，公众与政府的博弈能够达到一种平衡的状态，公民以理性、有序的方式踏上参与国家治理的成长道路，一个成熟、民主的公共空间的构建需要政府的善治、公民意识的增强、权力意识的觉醒、大众媒体的发展以及社会组织的共同努力，只有在多元的社会力量的共同参与下，想象中的真正的公民社会才将成为可能。

---

① 俞可平:《民主与陀螺》，北京大学出版社 2006 年版，第 32 页。

第五章 重构网络场域中理性话语路径

正如前几章所表述的，网络传播革命所带来的变革就是创造了一种完全不同于现实社会的全新的虚拟网络场域。伴随着技术的普及，参与人员的数量的增多和互动方式的改变，这个虚拟网络场域内的活动也变得日益丰富多彩起来，与此同时，多元文化价值观充斥于这个场域，形成了一个不断竞争的角力场。尽管全球互联网是人类共同的活动场域，但不同的文化背景和价值观造就了不同的网络行为，因此，从民族国家的视野看，这个不断竞争的角力场就是具有中国特色的网络舆论场。中国作为世界第一大网络用户国，无论从自身的网络发展看，还是从为人类网络传播革命提供经验来看，对网络的管理都是一个历史的使命。习近平总书记在其主持召开的中央网络安全和信息化领导小组第一次会议上发表了重要讲话，他强调，网络安全和信息化是事关国家安全和国家发展、事关广大人民群众工作生活的重大战略问题，要从国际国内大势出发，总体布局，统筹各方，创新发展，努力把我国建设成为网络强国。[①] 因此，我们必须从国际形势和中国特殊背景出发，结合中国特色语境下网络舆论特征去分析，制定有中国特色的网络监管制度。建立和谐、良性发展的网络公共信息空间成为中国语境下的网络舆论场的终极目标。网络媒介自身的调节与协调的局限使媒介生态系统难以达到平衡。因此需要从转变理念、改进技术、多重管理等层面对构建和谐、良性的网络公共信息空间提供路径选择建议。

---

① http://www.cac.gov.cn/2014-02/27/c_133148354.htm。

一、理念层面的路径探析

Web2.0 的精髓是"以人为中心",实现了互联网的分权特质,改变了以往自上而下、由集中向分散的权力关系,新媒体环境下的传播模式正孕育着与之相对应的新的权力关系。公众被赋予越来越多的权力,传统媒体控制话语权的局面开始被打破,政府的管理和控制能力开始被削弱。网络公共信息空间已经发展成为融合不同力量的意见集散地,在这个意见圈层中的各方发挥不同的优势促使了众多舆论事件的解决。传统媒体如果不能够革新观念,勇于创新,其话语权就有可能被网络媒体所取代。

在技术推动下,"国家权力向公民权利的转化或回归"成为不可逆转的趋势。权力关系的改变意味着"网络组织可以提供一种官僚制度永远无法提供的东西——横向联系"①。所以从深层次来说,新的传播技术正冲击着现有相对平衡的利益分配制度和管理体系,权力关系面临着新的挑战。对政府而言,其需要从理念上构建"透明政府",树立新的权力观。

2016 年 2 月 19 日上午,习近平在北京主持召开党的新闻舆论工作座谈会并发表重要讲话,提出了党的新闻舆论工作的职责和使命——"高举旗帜、引领导向,围绕中心、服务大局,团结人民、鼓舞士气,成风化人、凝心聚力,澄清谬误、明辨是非,联接中外、沟通世界"②。在新闻舆论工作各个方面、各个环节都要坚持正确的舆论导向。他对各级党报党刊、电台电视台、都市类报刊、新媒体、时政新闻、娱乐类新闻等都提出正确的舆论导向。同时指出:"媒体竞争的关键是人才竞争,要加快培养造就一支政治坚定、业务精

---

① [美]约翰·奈斯比特:《大趋势:改变我们生活的十个新方向》,中国社会科学出版社 1984 年版,第 201 页。

② http://m.baidu.com/paw/c/www.360doc.cn/mip/584575578.html。

湛、作风优良、党和人民放心的新闻舆论工作队伍。”随着网络赋权和网络分权的实现，现实社会特权的暗箱操作变得越来越少，虚拟的网络空间可以看成是现实社会空间的延伸，以及一个与现实空间相依托的公共领域。在这个领域中，自由、平等、协商成为主要的环境因素，在这里形成的意见成为现实社会在网络中的映射。因此，我们可以直接利用新媒体的特性，充分发挥民主政治制度在网络中的作用，那种“没有时间和你闲扯”的霸道，那种“替党说话，还是替老百姓说话”的权力思维以及惧怕听到质疑的“叶公好龙”都将受到舆论的谴责。

二、技术层面的路径探析

Web2.0的基本传播特征是将大众传播、人际传播相结合的一种“泛传播”。传播技术的革新，给传播带来了民主精神的回归。Web2.0传播时代下互动性和参与性的特点，给公众带来了高涨的参与热情，推动了民主政治的发展，如果不采取积极有效的措施去应对技术革新带来的变化，其背后不成熟的网民素质加上滞后的管理条例以及陈旧的配套制度则将面临前所未有的挑战。对于变化的环境来说，政府对网络的监管手段还不能及时跟上技术革新的步伐。过激的网络民族主义情绪在网络空间的泛滥容易挑起民族矛盾和争端，政府作为意识形态的掌控者，应适度监管网络媒体，并对网络信息进行管控。十八大以来，习近平总书记重视新闻舆论工作的开展，提出了“中国梦”的概念并对“党性和人民性”做了系统的阐述，提出了“遵循新闻传播规律和新兴媒体发展规律”，指出“互联网已经成为舆论斗争的主战场”，要求新闻媒体单位“做好舆论引导工作，并要把握好时、度、效”，“树立大宣传的工作理念”，“讲好中国故事，传播好中国声音”。他还注重创新，指出：“新形势下办好解放军报，必须坚持创新。”[1]这就要求在新形势下，各级领导干部应做好对媒体工作的指南，努力提高与媒体打交道的能力，切实做到善待媒体、善用媒体、善管媒体。管理的路径有以下几条：

（一）理清职责、明晰原则

从政府角色来看，要明确责任，充当好良好环境的创造者、减少负面作用的处理方以及开发新技术的开创者，将服务意识始终放在各项工作的首位，致力于推动新技术、监控负面消息的服务，避免包管和控制，可以通过中介机构进行代理，既能保障代理商的权利，也能更好地发挥政府的法治调控和监测作用。

政府要在明确责任的基础上，认清自己的方向和目标，同时，还要遵守监管的原则：保证信息能够自由畅通地流通，确保信息得到分享，保证网络信息的安全。监管原则，作为一种“软约束力”，在不同的国家、不同的行业有着不同的规定，其保护的细则、维护的条件、遏制的内容等都会有所差异。有时候不能很好地明确监管的这些原则，就会产生诸多的障碍，阻碍合作的进程。2013 年“斯诺登事件”反映了在美国的影响下，网络空间安全问题和政治问题已经相关联。实际上，监管原则体现的是政府的不同监管尺度和原则。这种“顶层定调”有助于形成稳定有序的可控心理、制度安排和行动准则，从而避免态度不一致带来的动荡变化。从政府层面来看，应当明确我国对互联网的开放利用程度，其中包括对民间组织的接纳原则、信息流通的可控范围。打算给“意见阶层”多大程度的言论自由，在此过程中，要做好应对外来文化渗透和意见阶层的融合的准备，对未来所会面临的可能及自身应对能力做出预期评估。这种预期是建立在现有的社会政治、经济和文化发展的基础上的，在此前提下，才能思考出相应的应对机制和配套机制。

---

① 据新华社北京 2015 年 12 月 26 日电。

(二)创新方法、依法管理

当前体制和规范的制约主要表现在过度和缺失两个极端上，对此诟病，应该寻求从“监管”向“治理”迈进的方法。在协调中进行治理不同于控制，应在不断行动中协调各方的关系，但治理也要有鲜明的治理手段和明确的治理主体。网络公共信息空间的治理需要与各种力量通力合作，政府管理层面不能再实行以前的一体制，应鼓励民间组织和个人参与，探索出有利于信息流通的民间管理新模式。实际上，良好的政策保障能激发接近 7 亿的网民的探索潜力。我国虽已有类似的民间组织的雏形，虽在不断总结经验逐渐发展壮大，但也要防止一些民间组织拉帮结派进行官僚化合作，影响政府的调控，“五毛党”和“网评员”的社会影响就是负面的例子。这种所谓的民间管理不仅会使党和政府的公信力受到损害，更会遏制正在发展的民主意识。

对互联网信息进行依法管理是中国的一贯主张，《中国互联网状况》白皮书(2015 年，国务院新闻办)列出了 1994 年以来中国颁布的一系列与互联网管理直接相关的法律法规，共有 20 余部。由此可见，我国的互联网法律制定已经取得很大的成果。然而，有法不依、难依，甚至与法律相悖的违法行径大有存在。在网络空间中，政府公权力的使用，关键是要有宪法思维，法律明确，公开透明。目前，主要是法律的边界模棱两可，民众不懂法，执行力不够强，社会威慑力差，从而给不少人钻了法律的空子。目前就算是在信息立法没有实质性突破的情况下，多重个案管理中非正式制度的运用同样具有其合理性。

(三)构建机制、有效预防

网络舆论作为多种意见的集散地，为媒介生态环境注入了新的活力，同时过度泛滥的言论也使网络公共信息空间自由度面临着挑战。适度管控并不是禁言、禁行，而是需要顺应网络媒体的自身规律，以保障网络公共信息空间朝着理性、公平的方向发展。因此，需要政府构建一整套严密的预警体系，提升政府对网络危机的应对能力。所谓的网络舆情与预警，“就是对发现的网络舆情做出评价分析并预测其发展趋势，及时做出等级预报的活动”①。目前，各个高校、科研机构都研发出了一批网络舆情监测软件。这些软件可以“在短时间内实现对新闻、论坛博客、贴吧等各类网络信息的汇集、分类、整合、筛选，也可以对定制关键词的相关主题进行实时监测，全面分析网络舆情发展趋势，提供基于网络舆情监测的决策参考和风险预警”②。建议国家应建立一种“自上而下”与“自下而上”的及时有效的网络舆情控制的应急预警机制，同时各级地方、部门也应相应地完善预警机制和管理系统。科学有效的预警机制必须包括从监测、分析到判断、解决、预测等多个环节。在检测环节中，需要通过路由器路径控制系统对信息进行追源，筛选过滤，在信息源头很好地截流住不好的信息；在分析环节中，需要对网络信息渗透手段进行分类、总结、数据编程统计和技术分析，以便确定有害信息传播的规律、地域、时段，从而在预测环节中对网络信息进行反馈，做出及时的评估，并将其纳入社会治安的核心目标和基本任务中去。建立常态化的危机管理机构，聘请专业的网络舆情师，适时进行网络监测、分析和预测，实施“预防为主，常备不懈”的运作方式。

三、管理层面的路径探析

互联网作为一种网络意见交流的汇集地，汇集了来自不同阶

---

① 吴绍忠、李淑华：《互联网网络舆情机制研究》，《中国人民公安大学学报》(自然科学版)，2008 年第 3 期。

② 叶能军、邓石华：《商业舆情监测世道肇始猎人 24 小时在线》，《东莞时报》，2010 年 8 月 26 日。

层的意见和建议，同时宽松的网络信息空间里也出现了意识形态的冲突。跨境交流的网络信息霸权的渗透、宣泄情绪的网络舆论的泛滥以及各种思潮的冲击都对国内舆论起到了一定的影响，从某种程度上消解了主流意识形态的网络优势。各大网站为刷网民的访问量，借助技术手段兴建各类互动平台，论坛和新闻评论成为民众发表言论形成网络舆论的集散地。由于现实社会的贫富差距引起的分配不公，网络舆论事件频频爆发。“仇官”“仇富”心理充斥于民众心中，过激言论弥漫于网络空间，网络民粹主义思想盛行。因此，要想引导公众理性、公平地表达意愿则需要政府从源头上加以疏导。

（一）互动、参与式监管

国家高层领导与网民对话给各级领导提供了参与式讨论的榜样。如重庆“城乡一体化”改革试验向全球网民征求改革方案；广东省委书记、省长邀请网民为地方改革“拍砖”“造大楼”；张春贤书记的微博与网民“交心”等。“在某种程度上，互联网代替了国外民意调查公司的作用，尤其在政治领域。”① 如网友“笑是会传染的”关于“灵桥路上的新垃圾桶啥时间换上的”等一系列问题询问“海曙发布”时，“海曙发布”回复：“请‘海曙城管’的小伙伴们给予解答。”新形势下接地气式的沟通，信息与信息之间的桥梁被搭建起来，既体现了权力关系的改变，又体现了政府为构建良好沟通所做的成果。还有部分政务开通微博设置“热点回应”，如“淳安发布”开设“热线连接”等。当今，政府和网民之间的权力关系已经开始被改变，对大多数人实行的动员机制逐步失去作用，建立在平等、沟通基础上的伙伴关系开始取代权力关系。政治精英们只有顺应时代需求，在公共领域中学会与网民进行沟通，才能把握舆论，了解舆论。这种参与式监管的模式无疑是一种有效的尝试，需要不

---

① 欧阳斌：《互联网冲击中国社会生态》，《凤凰周刊》，2004 年 5 月 25 日。

断地去创新。

同时,新形势下政府对于如何管理公众期待这一问题也需要不断探索新的方法和技巧。当下,要打消公众对事物的疑虑和恐惧,满足他们参政议政的权利,必须让公众广泛平等地分享信息成为可能,这也是解决问题的关键。公开透明地发布信息,可以缓解政府与公众之间的矛盾和疑虑,尤其是当突发事件发生时。相反,掩盖事实真相或对消息进行封锁,只会使事件变得更加难以解决。全球化时代,封锁信息的代价是昂贵的,也会承担更大的风险,其带来的负面影响大大超过了正面影响。要提高政府的公信力,无疑需要开明的政府及时有效地公开信息。2014 年湖南产妇死亡事件就是一个信息披露不全导致事实残缺的典例。湖南新闻网站发布的题为《产妇惨死手术台 医生护士跑路 医院称已尽力》的新闻报道,引起全国多家媒体的广泛关注。首发媒体只从患者一方的角度进行了倾向性报道,忽略了院方要"尽责"的客观事实,导致了事实真相无法被还原,引发了从地方性的医患事件向轰动全国的公众事件转变的恶性效应。媒体作为社会的"公器",本应从医患双方的角度报道事实真相,但为了"抢时效、引效应",故意遮蔽事实,甚至借不实信息和煽情手段唤起舆论关注,引发了公众对媒体公信力的拷问。相反,"绥德事件"则是一个典型的成功案例。榆林市委书记因为及时有效地化解了危机而被网友称赞为"最明智的领导"。近几年来,各大政府机关都在开通政务微博,以便及时有效地和网民进行沟通。2014 年 7 月 24 日,人民网舆情监测室联合新浪微博发布《2014 年上半年新浪政务微博公告》,新浪微博平台认证的政务微博达到 119169 个,较上年增加了 19018 个。政府对网站资源的广泛利用成为政府治理的有效途径之一。政府及时有效的沟通,极大地减少了网络围观和群体无意识行为。

(二)适时、激励式监管

政府一方面通过开通政务微博加强和网民之间的沟通,另一方面，又采取有效的激励机制帮助网民进行自我教育，都收到了很好的成效。近年来，一些网站都在举办“网络公民”选举活动，随着活动的逐步深入，网络公民的形象不断丰满。在此基础上开展的“网络问政研讨会”“网络问政年度城市”等活动，都将网民的素养纳入了可感知的范畴。政府可以从一个侧面了解到网络新阶层的特征和关注动向，从而为下一步激励机制的推广提供开拓空间。

互联网的自创性功能和自身自律机制的维持有它的合理性和合法性。因此，对互联网的监管要建立在维护自律机制的基础上，不能草率行事，否则会带来负面影响。“绿坝软件事件”和部分城市的“网络实名制”遭遇冷抵制，就是一个个不成功的例子。所以，政府既要实施互动式监管又要在互动的基础上进行创新开拓，同时还要审时度势，顺应互联网自身的发展规律，否则容易激化矛盾。“有时治疗比疾病更糟。敏锐的政策制定者应知道一些问题缺乏解决的办法。”①最终，互联网定会催生一种新的规范的模式，强制力量会逐步被淘汰，公民的个人自由权利能够得到充分的保障。

网络舆情研究者祝华新曾指出：“地方网络论坛，是听取社情民意的最短路径。”这从某种程度上给地方政府提供了了解民情、民意的最佳办法。如果地方政府能够抓住网络的优势条件，及时通过各种渠道增加网民与地方政府之间的沟通，实时地让网民对本地事务进行监督，那么网络围观就能发挥“咨询局”的作用，地方自治的雏形就能形成。南京“梧桐让路”事件就是政府和民众双赢的一个很好的例子。南京网民借助网络社区进行发帖动员，引发“保卫梧桐树”的大讨论，公众广泛参与，在互联网上凝聚各方意见引起政府关注，政府也利用媒体善听民意，及时将民众的意见集合起来，与民众进行了很好的沟通，政府的政策执行力也得到了更好

---

① [美]凯斯·桑斯坦：《网络共和国：网络社会中的民主问题》，黄维明译，上海人民出版社2003年版，第152页。

的发挥。从一开始的“移栽”到“少砍”再到“不砍”均是政府了解民意、尊重民意的充分体现。“梧桐让路”事件给其他城市建立民主决策机制提供了很好的典范。

维护网络空间安全，建设网络强国，最基本的是要转变理念、认清思路、创新思维，真正把握网络空间下应对各种挑战的新思维、新模式。2014 年 2 月 27 日，习近平总书记在其主持召开的中央网络安全和信息化领导小组第一次会议中强调：“做好网上舆论工作是一项长期任务，要创新改进网上宣传，运用网络传播规律，弘扬主旋律，激发正能量，把握好网络舆论引导的时、度、效，使网络空间清朗起来。”作为互联网大国，我国将全面进入“依法治网时代”，有关部门将会继续加大依法治网的步伐和力度来完善信息内容等。社交媒体舆情有牵一发而动全身之势，舆论流会向广告、金融、技术、交通等领域不断扩散。化学品泄漏事件提醒我们，安全是网民行业发展的生命线。面对潜在的危险，改革发展需要相关配套的应对策略和平稳的适应过程。

在熟人圈层化、半封闭化、半匿名化的无线舆论场，群体话题变得更加私密化，人群从公开的微博舆论场过渡到私密的微信、陌陌等移动社交圈子，这反而不利于真实的舆论意见的释放。因此，要构建和谐的网络公共信息空间，需要将以媒介为载体的微博、视频网站、新闻客户端所代表的显性舆论场和以社交为目的的微信群、QQ 群所代表的隐性舆论场结合起来进行治理。唯有如此，才能兼顾线上线下的真实民意，准确把握社会舆论格局和民意走向。

总结与反思

以互联网为代表的新媒体正在孕育着一个新的公共空间。在这个公共空间里,各方言说者都按照不同的社会资源进行着话语竞争和权力博弈,形成了当下网络场域中公共意见建构的脉络。

近年来,网络舆论反转事件频频出现,这些舆论事件背后的舆情规律成为本书探讨的重点。草根阶层作为网络舆论的一支力量,对网络公共意见的生成起着不可忽视的作用。从舆情传播的表面来看,似乎只是一种议题接力现象,实际上是舆论生态中各方话语力量争夺主导权,也就是争夺议题的制高点的博弈。因此我们着眼于话语实践的主体在什么样的话语环境中如何利用媒介资源参与议题建构和创造舆论事件的过程。

本书借用场域理论视角分析了网络场域公共意见的建构过程。具体而言,该分析框架强调网络场域中公共意见的生成不仅受到媒介系统内部的把关人、意见领袖、议程设置的影响,而且受到来自网络场域外部的政治场、经济场、文化场的制约。国家权力限制了网络场域中舆论事件的形式和议题的设置,但这非但没有阻止网络舆论事件的发生,反而使事件更富有创造性和艺术性。文化作为一种象征形式与符号,通过仪式类型的创新,建构了网络舆论事件的议题。经济利益体作为影响网络舆论事件的实体,经常带有操控的倾向。这些因素都不同程度地影响了网络舆论的真实性与客观性。而网民受到群体效应的作用,从众、趋同心理加剧了网络谣言的传播,因此构建和谐、开放、兼容、多元的公共话语空间成为当前媒介活动中的一个重要命题。

首先,多场域互动下的网络群体事件及其公共舆论的产生。

网络场域的特殊性，使场域内部的核心要素——权力、资本和惯习，呈现出不同于现实社会场的更为复杂的特点。网络场域内文化资本的资源分配的不均，使经济场、政治场得以介入并参与到网络场域公众舆论的形成过程中来。政治场对网络场的介入影响的大小是由其背后相应的社会资本来决定的。代表不同资本的场域的实体行动者在网络场中按照不同的文化资本、权力资本进行意见表达等。政府作为公权力的代表，直接受到政治场的调控和支配，需要通过制定政策来对其他场域进行控制。处在市场逻辑控制下的媒体从业人员，其新闻报道方式和话语策略既受到现实社会场的制约又要实时进行市场调控，发布能引起市场效应的新闻内容。专家学者作为精英阶层的代表，既能受到政治场、经济场的影响，又能依靠自身所附带的文化资本来积累人气，在意见上处于引领地位。各个虚拟网络场域内部的言说主体又受到线下社会场的影响，线上、线下合力作用共同促使舆论朝着理性的方向发展。

本书从场域理论的核心要素着手，把抗争性事件作为分析的起点，把话语作为研究的基点，总结了网络场公共意见生成的内部力量结构，阐明了意见领袖、网众、议程设置等各种因素对网络舆论形成的影响。传统媒体强势的媒介议程设置功能的地位在互联网媒体中逐渐被淡化，但这并不意味着网络舆论中的议程设置功能弱化了，相反，多中心合力设置议程成为新媒介环境下的常态。网众作为一支兴起的民间话语力量、多中心合力的议程设置，成为舆论形成的重要参数。媒体成为网络意见领袖阶层和草根阶层之间重要的纽带，是公众的舆论的平台。新的意见阶层的崛起和草根阶层的公民意识的觉醒都在影响和决定着舆论的走势和动向。草根阶层从赋权到争权的过程也是争夺话语权力博弈的过程，这一聚合了各种关系的网络构成对舆论场的力量倾向和发展方向都会造成影响。

网络公共意见的内部生成是各种力量合力进行博弈的结果。

我们在分析网络公共意见的生成时，着眼于话语竞争和权力博弈的实践主体，在什么样的话语环境中如何利用媒介资源参与建构议题和社会动员的话语实践的过程。为了研究方便，本文书将话语实践主体分作 4 类——媒体人、知识分子、公众和政府，再将他们放在网络舆论事件的公共话语空间中来总结。

其次，多元话语主体在网络舆论格局中的传播。在新媒介环境下不同的行动主体如何使用媒介资源，在行动过程中的策略和特征如何，对现实政治有着怎样的现实意义……研究发现，不同的行动主体的行为策略和话语特征以及与其他行动者的关系构成了他们各自在新媒体实践中的作用。以互联网为代表的新媒体与不同行动者的意义依据他们在“国家—社会”中的角色、定位而呈现出不同的特征。

本书在第二章中列举的 4 类行动者——媒体人、知识分子、公众和政府，作为网络场域内部公共意见建构的话语竞争和权力博弈的主体，他们的实践活动包括以下方式：一是基于话语层面的网络行动；二是依靠互联网连接不同行动者的线上、线下活动；三是在连接线上、线下活动的过程中，与公权力的博弈。从话语层面上的网络行动来看，互联网成为普通公众进行网络行动的话语平台和抗争工具。不仅如此，随着公众参与的日益广泛和民主意识的不断增强，互联网正逐步向“公民社会”迈进。然而，中国的公共舆论场仍旧摆脱不了精英阶层主导的特征。媒体从业人员、知识分子和专家学者在新兴的网络公共空间中仍旧是话语权的主导者，是网络意见领袖群。而以微博为代表的新媒体平台又进一步将话语权的范围扩大，并为他们的精英身份提供了能更有效识别的技术保障，他们各自的话语特征也不尽相同。对于媒体从业人员而言，他们天生的职业素养对热点有着敏锐的观察力和分析力，能积极发挥“幕后”和“台前”合力作用，从而成为公众和政府之间调停人。而游离于“国家—社会”中的知识分子仍然处于敞景下的权力的监视中，离建立行动和话语的“公共性”还有一定的距离。

网络中的线上、线下行动是公众参与公共事务的集中体现和新公共运动兴起的反映。在本书中选取的网络舆论事件分别来自不同行动主体，他们分别代表不同利益的诉求，其中“开胸验肺”事件中的公众行动、世奢会中的媒体人行动、乌坎拆迁事件中的政府行动以及“虐童事件”中的知识分子行动等都是本书分析的重点。它们都体现了一种公众参与下的“新公共运动”的特征，并在一定程度上帮助公众完成了从自上而下的赋权到自下而上的争权的运动过程。但是也让我们在这些网络舆论事件当中看到了因话语主体不同而呈现的社会认同和政治主张的差异。正是这些行动在性质、过程和结果上的不同，导致了与公权力的各种博弈的不同场景。

新媒体平台对于这些网络舆论事件的发展发挥着不同的作用并产生了不同的影响。在拆迁事件和 PX 事件的媒体人行动中，网络上更多的是媒体人员职业性的抗争行为在线上的延续，他们发挥着动员和引导作用，而并非是触发事件发生的动力源和决定因素。他们基于其建立起来的社交圈子、职业共同体而组织在一起进行集体行动，因其共同的新闻专业主义理念、社会责任感能与政府取得高度一致的认同，故在此类事件中，行动方式和策略具有一定的相似性。而温岭虐童事件、开胸验肺事件则与此类事件不同，网络空间成为行动者进行话语集结的场所，这些舆论事件的酝酿、发酵都与网络平台有关。微博爆料成为激发行动的动力源，行动者利用网络的及时便捷传递特点将行动者和其他行动者联系起来，超越现实社会的身体区隔，在短时间内形成具有相似认同的群体，促成利益诉求的合理化解决。

通过对这些网络舆论事件的分析，我们发现，知识分子的群体在利用网络进行线上、线下行动中始终无法摆脱实际生活中的精英身份，因此行动有着一定的局限性。中国的知识精英是不断游离于“国家—社会”之间的群体，其公共活动依托媒介平台，行动和话语始终在“规避风险”与“公众期盼”之间摆动。互联网并没有改变知识分子的现实既定位置，因此他们在敞景监视下的活动有时会处于失声的劣势地位。当公众的期盼能够得到政府的许可时，知识分子又会改变策略迎合观众，成为缓解公众和政府之间的黏合剂。

由此可见，不同群体的话语和行动，正是基于各自不同的位置、关系和行动者的角色而进行的。然而互联网并没有能改变原有政治力量的博弈状态，线上活动仍旧是线下关系的反映。网络舆论集体事件行动的背后所反映的是人们对政府的认知以及与政府间的关系。政府被当成抗争的“靶子”，反映了社会心态的错位和失调，以及执政者与群体之间的信任危机的裂痕的扩大。正是这样一种错位的关系，才使得话语言说者之间出现更多的不是互动而是与公权力的博弈。

再次，话语博弈背后的机遇，使协调、沟通成为可能。

以政府为主导的政府话语和以民众为主要群体的民间话语在网络舆论事件中不同的话语立场，决定了其采用的话语方式、策略的差异。由于民间话语不具备话语的定义权和解释权，所以只能在文本再生产的意义上进行抵抗。这种“官—民”之间的话语在竞争、博弈的同时，为新的舆论生态格局的形成带来了机遇。事实上一些网络舆论事件的合理解决，正是因为民间话语和官方话语间实现了协商、沟通，从而促进了公共政策向良好的方向发展。2013年从零和博弈到协商民主，云南 PX 项目考验了公共理性。民众自发组织积极参与社会管理，理性表达质疑和抗议，当地政府以信息公开搭建起政府、企业、公众对话平台，承诺尊重民意。比之厦门、大连和宁波等地 PX 项目“一闹就停”的零和博弈结局，云南 PX 事件的协商推进，彰显地方政府的治理能力和公众理性的提升。乌坎拆迁事件在矛盾激化后，公民的积极参与和在参与中不断提出的诉求，逐渐迫使政府对信息进行公开，进行相应的政策调整，与公民进行协商，使维稳和民权得到充分的体现，从而化解了社会矛盾，避免了行政力简单化的趋向。该事件为解决社会深层次矛盾提供了治理的思路。

那么网络舆论事件中的话语竞争和博弈图景受到哪些外部因素的制约和影响是第四章中解决的主要问题。我们认为社会中的政治、经济、文化因素是网络舆论产生的最深层原因。中国目前处于社会转型期,网络舆论事件正是当前社会政治因素、经济状况及文化形式的一种反映。它们作为一种元场,对网络舆论场形成一定的支配作用。

最后,未来的可能:建构多元、开放、包容的公共话语空间,以"舆"代步,共建公民社会之路。

第一,政府与公众之间建立合理的协商与互动机制。

中共十七届五中全会公报中指出:在当代中国,坚持"发展是硬道理"的本质要求,就是坚持科学发展,更加注重以人为本,更加重视全面协调发展,更加注重统筹兼顾,更加保证和改善民生,促进社会公平正义。

在现代社会,应该按照"以人为本"的原则,为公众脱离以前的被排斥被告知的单向客体身份,使之充分融入公平、平等参与公共事务的实体中来。充分地发挥主观能动性使之与政府进行良好的互动,形成缓解矛盾、增进团结的良性互动圈层,促进危机的合理解决。此外,良好的公共话语空间应该是以政府与公众之间能建立积极的良性互动为基础的,这是我们相互沟通、扩大共识的出发点和原则。在这个过程中,政府和大众媒介应扮演更加积极主动的角色,努力营造对话、互动的机会,相互补充、相互监督。在具体的实施上,政府应该在对信息发布和对舆论的引导过程中,充分采纳公众的意见,及时对公众的要求与呼声进行回应,对非理性的声音及时抵制,从而建构理性合作的有效互动模式。

第二,坚持公众民意、公共利益为首的为民理念。

只有坚持公共利益为首的理念,公众话语中的非理性要求和表达才容易纠正,政府话语中的公正、公平的部分才会被推崇和认可。这主要是因为舆论引导,实质上就是通过各种媒介将公众的公共利益表达变成一致的宣传理念，最终达到公众认可的程度。李普曼称其为“制造同意”，这一观点深刻地揭示了政府公共舆论引导的实质。因此，政府只有将维护公共利益，保障民意放在执政的理念和指导原则中去，才能消除怨恨和不满，建构起有良好的信任感、具有共同价值理念、可以实现有效沟通的社会体系。

第三，加强政府对网络舆论的管制，主动设置议题，建构话语主动权。

话语主动权的建构取决于话语权的掌控主体。政府传播要通过主动设置公众议程、抢占话语权的主导地位，参与舆论引导，获得话语的主动权。在公共话语空间的建构中，政府要和大众媒介共同起到议题设置和引导舆论的主导作用，而从另一个角度看，新媒体空间提供的人人都可发声的平台也为谣言网络绑架提供了生存的温床，容易被一小部分人利用，从而使话语主动权出现了不平衡的现象。精英阶层、媒体从业人员往往借助自己的特殊身份对事件的发生、发展提供内部消息表明意见，引起舆论朝着个人主观臆断方向发展，有时候甚至发展到干预司法的程度。除此之外，一些非正常的网络炒作和煽动现象，实质上是幕后策划团队所为。因此，事件的宣泄性、娱乐性和非理性将会让事实无法甄别，造成弥漫假象，使网络舆论陷入混乱。2015 年，“青年网络文明志愿者”队伍在网络空间由以往无声状态，强势出击，开始把网上主流思想舆论做大做强。从事人文社会科学研究的学者在互联网社交媒体上应当谨慎发声，避免在那些缺少专业知识素养的普通网民中引起误解而扩大撕裂。

第四，合理分配话语资源，实现话语空间的均衡发展。

网络舆论已经出现了新的格局，一言堂的形式逐渐淡去，众言堂成为当下公共话语空间的新形式。强化互联网治理，并不是要回到“舆论统一”的年代，而是要管控来自网上的不确定因素，适度保留网上的话语活力，尊重网民的民意表达。政府要在充分建构多元化话语空间的基础上，合理分配话语资源，使多种话语能在一定程度上得到合理的释放，媒介作为政府和公众的调停人，要起到平衡、协调的作用，协助合理分配话语资源。正如刘建民所言，社会的进步需要多重声音的释放，不是进行无谓的争吵，而是控制在适当音量下的合理疏导。上网能够减少上访、避免上街……这已经为多个地方所证实。网络舆论所需要的，是在利益关系复杂化、意见表达多样化的今天，守住底线、尊重差异、包容多样、凝聚最大公约数，实现网络舆论空间的均衡发展。

参考文献

一、中文著作

[1] 崔蕴芳. 网络舆论形成机制研究[M]. 北京:中国传媒大学出版社,2012.

[2] 杜骏飞. 中国网络新闻事业管理[M]. 北京:中国人民大学出版社,2004.

[3] 胡泳. 众声喧哗——网络时代的个人表达与公共讨论[M]. 桂林:广西师范大学出版社,2008.

[4] 何舟,陈怀林. 从喉舌到党营舆论公司:中共党报的演化[M]. 太平洋世纪出版社,1998.

[5] 何包钢. 协商民主:理论方法与实践[M]. 北京:中国社会科学出版社,2008.

[6] 刘建明. 舆论学概论[M]. 北京:中国传媒大学出版社,2009.

[7] 刘鹏飞,卢永春,邱若辰. 2013 年中国社交媒体舆情发展报告[R]. 北京:社会科学文献出版社,2014.

[8] 李良荣. 新闻学导论[M]. 北京:高等教育出版社,1999.

[9] 雷润琴. 信息博弈——公民·媒体·政府[M]. 北京:清华大学出版社,2011.

[10] 刘军. 社会网络分析导论[M]. 北京:社会科学文献出版社,2004.

[11] 邱林川,陈韬文. 新媒体事件研究[M]. 北京:中国人民大学出版社,2011.

[12] 孙立平. 断裂——20 世纪 90 年代以来的中国社会[M]. 北京:社会科学文献出版社,2003.

[13] 唐文方. 中国民意与公民社会[M]. 广州:中山大学出版社,2008.

[14] 王雄. 新闻舆论研究[M]. 北京:新华出版社,2002.
[15] 翁秀琪. 新闻与社会真实建构:大众媒体、官方消息来源与社会运动的三角关系[M]. 台湾:三民书局,1997.
[16] 汪凯. 转型中国:媒体、民意与公共政策[M]. 上海:复旦大学出版社,2005.
[17] 谢耘耕. 中国社会舆情与危机管理报告[R]. 北京:社会科学文献出版社,2011.
[18] 许纪霖. 二十世纪中国知识分子史论[M]. 北京:新星出版社,2005.
[19] 许纪霖,罗钢,等. 启蒙的自我瓦解:1990 年代以来中国思想文化界重大论争研究[M]. 长春:吉林出版集团有限责任公司,2007.
[20] 余秀才. 网络舆论:起因、流变与引导[M]. 北京:中国社会科学出版社,2012.
[21] 喻国明. 传媒的语法革命:解读 web2.0 时代传媒运营新规则[M]. 广州:南方日报出版社,2007.
[22] 燕道成. 群体性事件中的网络舆情研究[M]. 北京:新华出版社,2013.
[23] 俞可平. 民主与陀螺[M]. 北京:北京大学出版社,2006.
[24] 曾繁旭. 表达的力量——当中国公益组织遇上媒体[M]. 上海:上海三联书店,2012.
[25] 赵鼎新. 社会与政治运动讲义[M]. 北京:社会科学文献出版社,2006.
[26] 周裕琼. 当代中国社会的网络谣言研究[M]. 北京:商务印书馆,2012.
[27] 邹谠. 二十世纪中国政治:从宏观历史与微观行动角度看[M]. 香港:牛津大学出版社,1994.
[28] 邹军. 虚拟世界的网络表达——中国网络舆论研究[D]. 上海:复旦大学,2008.

[29] 赵月枝. 传播与社会:政治经济与文化分析[M]. 北京:中国传媒大学出版社,2011.

[30] 张允诺,高宁远. 外国新闻事业史新编[M]. 成都:四川人民出版社,1996.

二、外文译著

[1] 古斯塔夫·勒庞. 乌合之众[M]. 北京:中央编译出版社,2005.

[2] 马歇尔·麦克卢汉. 理解媒介——论人的延伸[M]. 南京:译林出版社,2011.

[3] 尼尔·波斯曼. 技术垄断——文化向技术投降[M]. 北京:北京大学出版社,2007.

[4] 沃尔特·李普. 公众舆论[M]. 阎克文,江红,译. 上海:上海世纪出版集团,2006.

[5] 凯斯·桑斯坦. 网络共和国:网络社会中的民主问题[M]. 黄维明,译. 上海:上海人民出版社,2003.

[6] 艾里克·拉斯穆森. 博弈与信息——博弈论概论[M]. 韩松,译. 北京:中国人民大学出版社,2009.

[7] 哈贝马斯. 公共领域的结构转型[M]. 曹卫东,等,译. 上海:学林出版社,1999.

[8] 皮埃尔·布尔迪厄. 关于电视[M]. 许钧,译. 沈阳:辽宁教育出版社,2000.

[9] 文森特·莫斯科. 传播政治经济学[M]. 胡正荣,等,译. 北京:华夏出版社,2000.

[10] C. 赖特·米尔斯. 权力精英[M]. 王崑,许荣,译. 南京:南京大学出版社,2004.

[11] 戴维·斯沃茨. 文化与权力——布尔迪厄的社会学[M]. 陶东风,译. 上海:上海译文出版社,2006.

[12] 丹尼尔·戴扬,伊莱休·卡茨. 媒介事件:历史的现场直播[M]. 麻争旗,译. 北京:北京广播学院出版社,2000.

[13] 罗伯特·C. 艾伦. 重组话语频道[M]. 麦永雄,柏敬泽,等,

译. 北京:中国社会科学出版社,2000.
[14] 曼纽尔·卡斯特. 网络社会的崛起[M]. 夏铸九,王志弘,等,译. 北京:社会科学文献出版社,2006.
[15] 桑斯坦. 网络共和国:网络社会中的民主问题[M]. 黄维明,译. 上海:上海人民出版社,2003.
[16] 约书亚·梅罗维茨. 消失的地域:电子媒介对社会行为的影响[M]. 肖志军,译. 北京:清华大学出版社,2002.
[17] 查尔斯·蒂利. 政权与斗争剧目[M]. 胡位钧,译. 上海:上海人民出版社,2012.
[18] 查尔斯·蒂利,西德尼·塔罗. 抗争政治[M]. 李义中,译. 南京:译林出版社,2010.
[19] 道格·麦克亚当,西德尼·塔罗,查尔斯·蒂利. 斗争的动力[M]. 南京:译林出版社,2006 .
[20] 西德尼·塔罗. 运动中的力量:社会运动与斗争政治[M]. 南京:译林出版社,2005.
[21] 罗伯特·W. 麦克切斯尼. 富媒体穷民主:不确定时代的传播政治[M]. 谢岳,译. 北京:新华出版社,2004.
[22] 罗兹·墨菲. 上海——现代中国的钥匙[M]. 上海社会科学院历史研究所,编译. 上海:上海人民出版社,1986.
[23] 马克·波斯特. 第二媒介时代[M]. 范静哗,译. 南京:南京大学出版社,2001.
[24] 马歇尔·伯曼. 一切坚固的东西都烟消云散了——现代性体验[M]. 徐大建,张辑,译. 北京:商务印书馆,2003.
[25] 麦克尔·哈特,安东尼奥·奈格里. 帝国:全球化的政治秩序[M]. 杨建国,范一亭,译. 南京:江苏人民出版社,2003.
[26] 曼纽尔·卡斯特. 网络社会的崛起[M]. 夏铸九,王志弘,等,译. 北京:社会科学文献出版社,2006.
[27] 尼尔·波兹曼. 娱乐至死:童年的消逝[M]. 章艳,吴燕莛,译. 桂林:广西师范大学出版社,2009.

[28] 尼古拉·尼葛洛庞帝. 数字化生存[M]. 胡泳，范海燕，译. 海口：海南出版社，1997.

[29] 桑斯坦. 网络共和国：网络社会中的民主问题[M]. 黄维明，译. 上海：上海人民出版社，2003.

[30] 托德·吉特林. 新左派运动的媒介镜像[M]. 张锐，译. 北京：华夏出版社，2007.

[31] 安德鲁·查德威克. 互联网政治学[M]. 任孟山，译. 北京：华夏出版社，2010.

三、外文著作

[1] BENNETT W L, ENTMAN R M. Mediated Politics: Communication in the Future of Democrocy[M]. Cambridge: Cambridge University Press, 2001.

[2] CAI Y S. Collective Resistance in China: Why Popular Protests Succeed or Fail[M]. San Francisoc: Stanford University, 2010.

[3] DEBORAH S DAVIS, RICHARD K, BARRY N, et al. Urban space in contemporary China: The Potential foe antonomy and community in post-Mao China[M]. Washington: Woodrow Wilson International center for Scholars, 1995.

[4] KINGDON W J, AGENDA. Alternatives and Public Policies [M]. New York: Harper Collins, 1995.

[5] CHIN-CHUAN L. Chinese Communication: Prism, Trajectories, and Modes of Understanding[M]. London: Oxford Press 2008.

[6] MANUEL C. The City and the Grassroots: A Cross-Cultural Theory of Urban Social Movements[M]. London: dward Arnold Ltd, 1983.

[7] MCNAI B. An Introduction to Political Communication[M]. 2003.

[8] O'BRIEN K J, LI L J. Rightful Resistance in Rural China [M]. Cambridge: Cambridge University of Press, 2007.

[9] PERRY E J, SELDEN M. Chinese Society: Change, Conflict and Resistance, London and New York: Routledge[M]. London: Oxford Press 2000.

[10] YUHONG, LABOR. Class Formation, and China's Informationized Policy of Economic Development [M]. Washington: Rowman & Littlefield Publishers, 2011.

[11] YUEZHI Z. Communication in China: Political Economy, Power and Conflict[M]. Washington: Rowman & Littlefield Publishers, 2008.

[12] YUEZHI Z. Communication in China: Political Economy, Power and Conflict[M]. Washington: Rowman & Littlefield Publishers, 2008.

[13] WHYTE M K. Myth of the Social Volcano: Perceptions of Inequality and Distributive Injustice in Contemporary China [M]. San Francico: Stanford University Press,2010.

[14] PAGE, BENJAMIN I. Who Deliberate? Mass Media in Modern Democracy[M]. Chicago: University of Chicago Press, 1996.

[15] WALLACE, PATRICIA. The Psychology of the Internet [M]. Cambridge: Cambridge University Press,1999.

[16] YANG G B. The Power of the Internet in China: Citizen Activism Online [M]. New York: Columbia University Press, 2009.

四、期刊论文

[1] 陈映芳. 行动力与制度限制:都市运动中的中产阶层[J]. 社会学研究,2006(4).

[2] 陈剩勇,杜洁. 互联网公共论坛:政治参与和协商民主的兴起[J]. 浙江大学学报(人文社会科学版),2005(3).

[3] 杜筠. 网络传播中意见领袖的角色分析[J]. 东南传播,2009(5).

[4] 段兴利. 网络意见领袖的产生、特征及培养[J]. 科学·经济·社会,2010(3).
[5] 丁苗苗,吴飞. 再论“下沉的声望”——从公共知识分子与媒介知识分子的角度[J]. 东南传播,2010(3).
[6] 冯仕政. 西方社会运动研究:现状与范式[J]. 国外社会科学,2003(5).
[7] 何舟,陈先红. 双重话语空间:公共危机传播中的中国官方与非官方话语互动模式研究[J]. 国际新闻界,2010(8).
[8] 胡圣方. 国内网络群体性事件理论研究述评[J]. 重庆邮电大学学报,2011(3).
[9] 黄荣贵. 互联网与抗争行动:理论模型、中国经验及研究进展[J]. 社会, 2010(2).
[10] 黄煜,曾繁旭. 从以邻为壑到政策倡导:中国媒体与公民行动的互激模式[J]. 新闻学研究,2011(9).
[11] 乐媛,杨伯溆. 网络极化现象研究——基于四个中文 BBS 论坛的内容分析[J]. 青年研究,2010(2).
[12] 李俊清. 论互联网络在中国民主化进程中的作用[J]. 晋阳学刊,2004(2).
[13] 黎相宜. 精英型与草根型框架借用比较失地农民与知识精英的集体抗争[J]. 社会,2009(6).
[14] 李艳红. 大众传媒、社会表达与商议民主——两个个案分析[J]. 开放时代,2006(6).
[15] 李艳红. 故事·表演·表达——媒介与当代中国消费者权益话语运动研究[J]. 中华传播年会,2001.
[16] 林铁,张建永. 媒介知识分子:公共性与议程设置[J]. 学术界,2010(10).
[17] 卢家银,孙旭培. 新媒体在地方治理中的作用——以厦门 PX 事件为例[J]. 湖南大众传媒职业技术学院学报,2008(3).
[18] 陆烨,潘忠党. 成名的想象:中国社会转型过程中新闻从业者

的专业主义话语建构[J]. 新闻学研究,2002(71).
[19] 马青. 反对垃圾焚烧:从小区维权到政策倡导[J]. 南方人物周刊,2009(47).
[20] 潘忠党. 传媒的公共性与中国传媒改革的再起步[J]. 传播与社会学刊,2008(6).
[21] 裴宜理. 中国式的"权利"观念与社会稳定[J]. 阎小骏,译. 东南学术,2008(3).
[22] 孙玮. 我们是谁:大众媒介对新社会运动的集体认同感建构[J]. 新闻大学,2007(3).
[23] 田秋生. 传媒中的公共知识分子现象[J]. 当代传播,2005(1).
[24] 笑蜀. 垃圾是否焚烧发电,公共博弈是关键[N]. 东方早报,2009(11).
[25] 徐桂权. 社会生存、媒介呈现与言论表达:当前中国大陆公共议题建构的一种考察路径[J]. 新闻学研究,2009(100).
[26] 徐桂权,任伟山. 时评作为一种利益表达方式:传播社会学的考察[J]. 开放时代,2010(2).
[27] 许海,唐远清. 群体性事件本质、成因及防治的舆论学解析[J]. 当代传播,2011(4).
[28] 应星. "气场"与群体性事件的发生机制[J]. 社会学研究,2009(6).
[29] 于建嵘. 底层知识青年问题亟待社会重视[N]. 中国青年报,2010(12).
[30] 于建嵘. 当前我国群体性事件的主要类型及其基本特征[J]. 中国政法大学学报,2009(6).
[31] 于建嵘. 利益博弈与抗争性政治——当代中国社会冲突的政治社会学理解[J]. 中国农业大学学报,2009(1).
[32] 于建嵘. 当代中国农民的"以法抗争"——关于农民维权活动的一个解释框架[J]. 文理博览(理论),2008(12).
[33] 鄢烈山. 重视"新意见阶层"的意见[N]. 浙江日报,2010-01-03.

[34] 杨晓芸. 传播学视域中的微博研究[J]. 当代传播,2010(2).
[35] 杨国斌. 悲情与戏谑:网络事件中的情感动员[J]. 传播与社会学刊,2009(9).
[36] 曾繁旭. 形成中的媒体市民社会:民间声音如何影响政策议程[J]. 新闻学研究,2009(100).
[37] 曾繁旭. 社会的喉舌:中国城市报纸如何再现公共议题[J]. 新闻与传播研究,2009(3).
[38] 张志安. 新闻生产与社会控制的张力呈现——对《南方都市博》的深度报道的个案分析[J]. 新闻与传播评论,2008(3).
[39] 赵鼎新. 西方社会运动与歌迷理论发展之述评——站在中国的角度思考[J]. 社会学研究,2005(1).
[40] 赵建国. "公共知识分子"与媒介知识分子[J]. 新闻界,2007(1).
[41] 赵勇. 从知识分子到知道分子——大众媒介在文化转型中的作用[J]. 当代文坛,2009(2).
[42] 周宝华. 突发公共事件中的媒体接触、公众参与与政治效能——以"厦门 PX 事件"为例的经验研究[J]. 开放时代,2011(5).
[43] 周瑞金. "新意见阶层"在网上崛起[J]. 炎黄春秋,2009(3).
[44] 周巍,申永丰. 论互联网对公民非制度化参与的影响与对策[J]. 湖北社会科学,2006(1).

攻读博士学位期间科研成果

1.《新媒介环境下山西精品艺术传播场域新阐释》,《中北大学学报》,2015年12月,第一作者。
2.《城市形象宣传片的诗性建构——太原城市形象片的影像分析》,《中国传媒观察报告》,2017年2月,第一作者。
3.《民族文化传播中的“民族”与“流行”整合研究——基于媒介融合背景》,《贵州民族研究》,2017年6月,第一作者。
4.《电视文化类节目新人文情怀探析》,《中国电视》,2018年2月,第一作者。
5. 主持山西省文化厅课题“大众传媒环境下山西精品艺术传播与发展探究”,2013年12月,结项,排名第一。
6. 主持山西省文化厅课题“山西文化形象媒介集体记忆构建研究”,2015年12月,进行中,经费支持,排名第一。
7. 主持山西省教育厅哲学社会科学课题“山西城市文化形象的媒体传播研究”,2016年4月,经费支持,排名第一。

后　记

书稿即将交稿,内心却有种怅然若失的感觉。

书稿的写作过程更像是孕育一个鲜活的生命的过程:其间有过彷徨与失落,也有过欣喜与雀跃,更多的是长期面对所研究的主题的焦虑与怀疑,这种感觉贯穿写作始终。我从英美文学专业转向媒介文化研究,诸多理论需要不断去领悟、学习,学习中的困顿常常会使我陷入深深的迷茫和莫名的狂躁。坚持还是放弃,这两种念头经常会同时闪现在脑海里。当通过点点滴滴的努力自己逐渐可以领悟学习的奥秘时,也会有顿时的欣喜。所幸在读博士的四年里,我供职的单位——中北大学为我提供了充裕的学习时间和无忧的经济支持,使我可以抛开一切来感知这个新领域里的新奇,随时接受来自苏州大学教授们的学术的熏陶和指导,更多的是能够感受到诸位教授的鼓励和支持,在此送上我最美好的祝福。

我要感谢我的恩师陈龙教授,是您的信赖给予我足够的信心,是您深厚的学术积淀将我领入研究的大门,您睿智、严谨的治学风格,使我在研究陷入迷茫时,总能找到前进的方向和坚持下去的理由。书稿从选题到具体行文都与您的悉心的指导和点拨密不可分。每次我陷入苦苦冥思之时,您的广博的学识和开阔的视野总能让我豁然开朗,重拾学习的信心。

感谢曾一果教授能够在百忙之中一次次地腾出时间不厌其烦地听我诉说写作中遇到的困惑和疑问,您做学问的谦卑态度和治学的严谨风格给我留下了很深的印象,您总是很认真地给我提出修改的建议和方法,使我受益匪浅。

感谢答辩过程中给我提出诸多建议的张涛甫教授、马中红教授、陈霖教授、张健教授和徐国源教授，从你们身上我体会到了你们的博学多识和对学生的殷切期望，作为求学学子的我，无时无刻不为之动容，为之感激。

感谢那些在我学习期间给予我支持和鼓励的同学，尤其是傅秀玲博士在我撰写书稿期间陪我看病、替我擦药、开导我的焦虑情绪和抚慰我求学期间丧失亲人的悲痛心情，是你的陪伴，使我坚持走下去，直到完成学业。

感谢柳士军博士四年以来不断地鼓励和鞭策，您的勤勉和执着都成为我前进中的榜样，每每在撰写书稿中遇到瓶颈，我都会第一时间给您打电话，电话那端始终是安慰和鼓励，谢谢您对我的包容、理解和鼓励，学术路上有您的陪伴，每天都是鸟语花香。

感谢四年来与我一起学习、一起聚餐、一起玩耍、一起焦虑的博士姐姐们：王敏玲博士、尹传兰博士、荀洁博士、韩素梅博士、刘玉梅博士。因为有了你们，学术之路才显得不孤单。

感谢台湾的师兄们：阮俊中博士、王思方博士、庞志龙博士、詹益锦博士，因为有了你们，我体会到了同门之间的互助与友善，尽管相隔很远，但彼此的心却是那么近。因为有了你们，学术之路才不会无助。

感谢顾芸博士用她活泼开朗的性格给我枯燥的博士生活带来无限的欢愉。

感谢那些艰难的日子、欢快的日子以及长途跋涉的日子。

所有的一切无不留在内心深处。

感谢陪伴我的家人和孩子，他们给了我无限的关爱和支持。每一次坐火车出发，孩子都会问我何时回来，这次，我可以对孩子说，终于可以不用再坐火车去远游了。

最后，感谢年迈的母亲给予我坚定向前，不断面对人生挑战的勇气，在写作书稿期间，母亲再也没能等到我毕业的那一天，离开了人世，每每此时总是有无言的伤悲涌上心头，或许这就是母亲的愿望，希望我不再牵挂，唯有做好学问才能抚慰她的在天之灵。

书稿的写作暂时告一段落，这些日子带给我的不仅是心智的锻炼，更是一段丰富的人生体验。书稿即将交稿，而学术之路才刚刚开始，愿倾尽一生为其努力，无怨无悔。

张丽燕于苏州独墅湖畔

2016 年 6 月 19 日